ZWISCHEN DEN KULTUREN

Strategien und Aktivitäten für landeskundliches Lehren und Lernen

Materialienbuch für den Unterricht
von Margarete Hansen und Barbara Zuber

LANGENSCHEIDT
Berlin – München – Wien – Zürich – New York

Redaktion: Mechthild Gerdes
Layout und Satz: Jürgen Bartz
Illustrationen (soweit nicht anders angegeben): Jürgen Bartz
Umschlag: Monica May-Vetter

4 5 6 7 8 • 04 03 02 01 2000

Druck: Druckhaus Langenscheidt, Berlin
Printed in Germany • ISBN 3-468-**49474**-2

Zu diesem Buch

Warum wurde „Zwischen den Kulturen“ entwickelt?

Unsere Muttersprache formt das Modell, mit dem wir die Welt wahrnehmen, ordnen, erleben und verstehen lernen und mit dessen Hilfe wir uns mitteilen. Das Erlernen einer Fremdsprache bietet uns dementsprechend eine Erweiterung unseres Modells im Hinblick auf das Wahrnehmen und Verstehen von Fremdem. Das Erlernen einer Fremdsprache ist mehr als das Erlernen eines Systems fremder Zeichen und Laute; es ermöglicht die Kommunikation mit einer anderen Kultur. Deshalb sollte das Kennenlernen und Verstehen einer anderen Kultur auch ein wesentlicher Bestandteil des Spracherwerbprozesses sein.

Da wir der fremden Kultur immer durch den Filter der eigenen kulturellen Erfahrung begegnen, bedeutet interkulturelle Kommunikation auch Begegnung und Auseinandersetzung mit der eigenen Kultur.

Wer kann mit „Zwischen den Kulturen“ arbeiten?

„Zwischen den Kulturen“ ist ein Materialienbuch für die Hand des Lehrers / der Lehrerin, das im Fremdsprachenunterricht sowohl mit Anfängern wie auch mit Fortgeschrittenen als landeskundliches bzw. interkulturelles Zusatzmaterial eingesetzt werden kann.

Kurstragend kann es Verwendung finden in einem speziell landeskundlich bzw. interkulturell ausgerichteten Sprachkurs für fortgeschrittene Deutschlerner oder Lehrerstudenten.

„Zwischen den Kulturen“ ist besonders für den Unterricht *Deutsch als Fremdsprache* geeignet. Viele Übungen lassen sich aber ohne großen Aufwand auch für die Vermittlung anderer Fremdsprachen umändern und einsetzen.

Die meisten Übungen sind in multinationalen oder homogenen Lerngruppen im Zielland (für *Deutsch als Fremdsprache* in Deutschland, Österreich, Schweiz) einsetzbar. Der größte Teil kann – zum Teil leicht abgewandelt – auch im Ausland durchgeführt werden. Generell ist bei jeder Übung beschrieben, wie sie in welcher Gruppe unter welchen Bedingungen eingesetzt werden kann.

Was kann man erreichen mit „Zwischen den Kulturen“?

Die übergeordneten Lernziele des vorliegenden Materials sind:

- das Training sprachlicher und nichtsprachlicher Handlungen im Alltag
- die Sensibilisierung für fremdkulturelle Phänomene
- die Förderung des Selbst- und Fremdverstehens

Um diesen Zielen gerecht zu werden, sind folgende Leitgedanken bzw. didaktische Ziele bei der Entwicklung der Übungen relevant gewesen: der Unterricht sollte

- an den Vorstellungen und Einstellungen der Teilnehmer und Teilnehmerinnen (im folgenden abgekürzt: TN) anknüpfen
- an den Erfahrungen der TN ansetzen, Vorwissen und Wissen aktivieren, differenzieren und erweitern
- eine aktive, kreative Beteiligung der TN an der Gestaltung des Unterrichts und der Wissensfindung
- und die aktive Auseinandersetzung mit der eigenen und der Fremdkultur ermöglichen.

Wie ist „Zwischen den Kulturen“ aufgebaut?

Die Übungen und Aktivitäten in „Zwischen den Kulturen“ sind in fünf Kapiteln zusammengefaßt, die sich an den Interessen der TN orientieren, aber gleichzeitig auch die Beschäftigung mit landeskundlichen Inhalten ermöglichen. Die Auswahl einer Übung bzw. Aktivität im Unterricht sollte daher in dieser Weise eine Brücke schlagen: Ausgehend vom jeweiligen Erkenntnis- und Interessenstand der TN gibt es Aufgaben, die sich in erster Linie mit der Lerngruppe und ihrem Umfeld beschäftigen, bis hin zu Übungen, deren Schwerpunkt auf geographischen, sozialen, politischen oder geschichtlichen Aspekten in den drei deutschsprachigen Ländern liegt.

Die fünf Kapitel umfassen folgende Bereiche:

I. Kennenlernen

II. Räumliche Erkundung
Hier handelt es sich um Themen, die die nähere und weitere Lebenswelt erschließen helfen, bis hin zu allgemeinen Themen aus den Bereichen *geographischer Raum, geschichtlicher Raum* und *politischer Raum.*

III. Verhalten
Dieses Kapitel bezieht sich auf den Umgang der Menschen miteinander und auf ihr Verhalten in bestimmten Situationen sowie auf das Lernverhalten.

IV. Einstellungen
In diesem Kapitel geht es um Werte und Einstellungen, die unser Handeln beeinflussen, und auch um Gefühle wie Fremdheit, Freude sowie Wünsche und Hoffnungen.

V. Abschied

Die fünf Kapitel sind in thematische Abschnitte eingeteilt, denen jeweils verschiedene Übungen zugeordnet sind.

- In jeder Übung gibt es eine *didaktische Information* für die Lehrperson.
- In vielen Fällen gibt es zusätzlich aber auch *Arbeitsblätter* für die TN, die als Kopiervorlage im Buch abgedruckt sind.
- In einigen Fällen wurden die Übungen mit *Lösungsblättern* ergänzt, die ebenfalls als Kopiervorlage konzipiert sind und daher nach Durchführung der Aktivität an die TN ausgeteilt werden können.

Wie arbeiten Sie am besten mit „Zwischen den Kulturen"?

Die erste und wichtigste Information für eine Übung bietet Ihnen die *didaktische Information.* Jede Übung ist mit einem Titel versehen, dem die Bezeichnung des Themas, die Zielgruppe, die Lernziele und die Angaben zu den verschiedenen Sozialformen folgen. Die Kursstufenbezeichnung entspricht dem in Europa anerkannten Zertifikatssystem. Es schließen sich dann eine detaillierte Beschreibung der Durchführung der Übung, eventuell dazu zusätzliche landeskundliche und/oder interkulturelle Hinweise, methodische Alternativen und Querverweise auf andere Übungen, Anregungen für die Einbettung in den übrigen Unterricht und gegebenenfalls Quellenangaben an.

Manchmal passiert es, daß zwar die Beschreibung einer Übung komplex erscheint, die Übung aber einfach durchzuführen ist. Lassen Sie sich deshalb von der Beschreibung nicht abhalten.

Ein Großteil der Aktivitäten geschieht in Partner- oder Gruppenarbeit, um die TN voneinander und miteinander lernen zu lassen und so das selbständige Arbeiten zu üben.

Alle Hinweise und Angaben zu den Übungen sind Richtwerte bzw. Vorschläge; sie sind modifizierbar, denn jede Gruppe geht unterschiedlich mit den Übungen um. Viele Übungen sind auch thematisch austauschbar, insofern die Struktur der Übung auf andere Themen adaptiert werden kann. Wir haben davon abgesehen, exakte Zeitvorgaben zu machen, und geben statt dessen nur einen Kommentar zum Verlauf einer Übung, wo es uns wichtig und notwendig erscheint.

Grundsätzlich gilt:

Wo immer wir Lösungsblätter für die Hand der TN oder der Kursleitung beigefügt haben, möchten wir betonen, daß hier nicht unumstößliche Wahrheiten, sondern Richtwerte formuliert werden. Wir bieten Vorschläge aus unserer Sicht, die diskussionsfähig sind.

Seien Sie darauf vorbereitet, daß Informationen immer in Frage gestellt, anders interpretiert und von den TN auch zurückgewiesen werden können. Nehmen Sie diese Einwände ernst und respektieren Sie sie, denn im Bereich der interkulturellen Kommunikation bewegen wir uns alle auf einem sehr komplexen Feld. Gehen Sie vorsichtig und sensibel mit Verallgemeinerungen um. Die TN sollen selbst feststellen und lernen, daß es weder im eigenen Land noch im Zielsprachenland eine homogene Kultur gibt, sondern eine Zusammenwürfelung von Subkulturen, die sich nach Kriterien wie z.B. soziale Position, Religionszugehörigkeit, Generation etc. unterscheiden.

Sie kennen Ihre Gruppe am besten. Prüfen Sie also vorher, ob eine Übung für Ihre Gruppe geeignet ist. Beachten Sie die nationale und die religöse Zugehörigkeit, ebenso auch die Geschlechterzusammensetzung, den Vertrautheitsgrad der TN untereinander und ihre sprachlichen Voraussetzungen, besonders bei Übungen, die wir für TN ab Grundstufe I vorschlagen.

Führen Sie Ihre Gruppe langsam auf diese Art des Unterrichts hin. Lassen Sie sich Rückmeldung geben, wie es den TN bei den Übungen ergangen ist, ob sie das Gefühl hatten, etwas dazugelernt zu haben, wo ihre Schwierigkeiten lagen etc. Nehmen Sie die Rückmeldungen ernst. Es gibt Kulturen, die diese Art des Unterrichts begeistert aufnehmen, andere, die ihr mit viel Skepsis begegnen. Machen Sie nichts, von dem Sie selbst nicht überzeugt sind. Wenn Sie aber überzeugt sind, dann gibt es keine Grenzen, diese Überzeugung in Zusammenarbeit mit der Gruppe auszuprobieren. Die Gruppe wird es Ihnen danken.

Zur Benutzung von Wörterbüchern im Unterricht sollten Sie die Lernenden ermutigen. Wir haben in den einzelnen Übungen nicht explizit darauf hingewiesen.

Einige Übungen setzen voraus, daß Sie (allgemein zugängliche) Zusatzinformationen bereitstellen beziehungsweise auf Ihre eigene Materialsammlung - Texte, Bilder etc. - zurückgreifen, diese ergänzen oder für die Übung und die TN adaptieren. Manchmal sind auch Packpapier, Schere und bunte Stifte gefragt. Wenn Sie im Ausland unterrichten, kann es manchmal mit der Materialbeschaffung nicht ganz einfach sein. Fangen Sie deshalb schon jetzt an zu sammeln. Nutzen Sie sämtliche örtlichen Kontaktmöglichkeiten zu deutschsprachigen Institutionen und Firmen und deren Angehörigen. Kaufen Sie deutschsprachige Illustrierte und heben Sie die Illustrationen auf. Institutionen wie das Goethe-Institut, Konsulate und Botschaften behalten ihre Zeitschriftenbestände z.B. nur für einen begrenzten Zeitraum.

Am Ende des Buches gibt es eine Liste mit Adressen, von denen Sie weitere landeskundliche Informationen anfordern können.

Und zum Schluß:

Was wir nicht wollen und nicht können, ist, der Diskussion um Landeskunde und interkulturelle Kommunikation in allen Punkten gerecht zu werden; was wir jedoch wollen, ist, diese Diskussion mit konkreten Unterrichtsbeispielen zu unterstützen und anzureichern und Sie dazu anzuregen, unsere Vorschläge aufzugreifen und weiterzuentwickeln.

Viel Freude und viel Erfolg!

INHALT

Symbole **A** = **Arbeitsblatt** **L** = **Lösungsblatt**

Ich heiße Paolo, weil ...

Thema: Einführung in das Thema „Namen"
Vornamen: persönliche und kulturelle Bedeutung

Zielgruppe: TN ab Grundstufe I

Ziel: Übung zum Kennenlernen der TN bei Unterrichtsbeginn;
Übung zum besseren Behalten der Namen der TN; Sprechanlaß;
bei multikulturellen Gruppen: Informationen über Namensgebung in anderen Kulturen

Aktivität: Gesamtgruppe
(maximal 15 Personen, andernfalls Aufteilung in zwei Gruppen)

➤ Verfahren:

1. Bitten Sie die TN, sich nacheinander mit ihrem Vornamen vorzustellen und dabei etwas zu ihrem Namen zu sagen, zum Beispiel: ob sie den Namen von jemand anderem übernommen haben (Vater, Mutter, Onkel ...), wer über den Namen entschieden hat, ob der Name eine Geschichte hat, oder, falls bekannt, zur Bedeutung des Namens; wie sie selbst zu ihrem Namen stehen - ob sie ihn mögen, welche Koseformen es gibt etc.
2. Geben Sie ein Beispiel, indem Sie sich selbst zuerst vorstellen. Achten Sie auf zügiges Tempo.
3. Sammeln Sie mit den TN abschließend deutsche Mädchen- und Jungennamen.

➤ Einbettung:

Als Anschlußübung eignet sich eventuell „Wie soll das Kind denn heißen?" S. 40.

➤ Hinweis:

Zur Herkunft und Bedeutung von Namen siehe auch *Knaurs Vornamenbuch. Herkunft und Bedeutung von mehr als 10.000 altbekannten und modernen Namen*, Knaur Verlag, München 1985.

Ich und mein (Lieblings-)Gegenstand

Thema: Sich vorstellen über Personennamen und Gegenstände
Zielgruppe: TN ab Grundstufe I
Ziel: Eine Übung zum gegenseitigen Kennenlernen (in multinationalen Gruppen auch Vermittlung landeskundlicher Informationen)
Aktivität: Spielerische Aktivität in der Gesamtgruppe

➤ Verfahren:

1. Jede/r TN sagt kurz ihren/seinen Namen und nennt einen Haushaltsgegenstand, der zu ihr/ihm paßt oder für sie/ihn eine besondere Bedeutung hat; dabei werden die Namen und Haushaltsartikel der Vorredner wiederholt.
   Beispiel: Peter - Teeglas,
   Grazyna - Küchenstuhl,
   Ich heiße Martha - Wasserkessel ...

2. In einer zweiten Runde können die TN dann zusätzlich Informationen zu den genannten Gegenständen geben.
   Folgende Fragestellungen sind möglich:
   a) Was bedeutet der Gegenstand für mich?
   b) Von wem habe ich ihn?
   c) Wie und wofür benutze ich ihn?
   d) Wie lange habe ich ihn?
   Beispiel aus dem Unterricht: „Aus der Teetasse trinke ich morgens meinen Kaffee. Das ist für mich der schönste Moment des Tages."
   Die anderen TN können dazu Fragen stellen und das Gesagte kommentieren.

➤ Variante:

Die TN bringen etwas für sie Typisches oder Bedeutsames in den Unterricht mit. In multinationalen Gruppen kann dieser Gegenstand etwas über ihr Herkunftsland vermitteln, indem er etwas darstellt, das in ihrer Heimat von besonderer Bedeutung ist oder einen Teil ihrer Kultur veranschaulicht.

➤ Einbettung:

Als Anschlußübung bietet sich eventuell an: „Kim-Spiel", S. 74.

➤ Hinweis:

Diese Übung kann gerade aufgrund der ungewohnten Perspektive sowohl Witziges, Überraschungen und viel Persönliches über die einzelnen TN verraten als auch über Besonderheiten ihrer Kultur, falls es sich um multinationale Gruppen handelt.

Die gemeinsame Landkarte

Thema: Herkunftsländer der TN

Zielgruppe: TN mit geringen Grundkenntnissen; multinationale Gruppen

Ziel: Kennenlernen der Herkunftsländer/Wohnstätten der anderen TN oder Festigung des Wortschatzes: nach der Herkunft fragen, Ländernamen auf deutsch lernen, Förderung der Gruppendynamik

Aktivität: Gemeinsame kreative Aktivität

➤ **Material/Vorbereitung:**

Pro Gruppe ein großes Stück Papier, Filzstifte, Pinnadeln für die Wand, eventuell Schere und Klebstoff.

➤ **Verfahren: (im Zielland, mit multinationalen Gruppen)**

1. Teilen Sie die TN in Kleingruppen von fünf bis sechs Personen ein, wenn möglich keine TN aus demselben Herkunftsland in einer Gruppe. Jede Gruppe erhält ein Stück Packpapier und je einen Filzstift.
2. Bitten Sie die TN, sich in ihren einzelnen Kleingruppen gegenseitig nach ihrer Herkunft zu erkundigen und jeweils in ihrer Gruppe gemeinsam einen Gesamtumriß ihrer Herkunftsländer zu skizzieren. Machen Sie den TN klar, daß die Form nicht wirklichkeitsgetreu, sondern nur angedeutet zu werden braucht. Demonstrieren Sie dies, indem sie einen ungenauen Umriß der BRD vormalen. Auch die anschließende geographische Zuordnung der Länder kann angedeutet sein.
3. Die einzelnen Gruppen hängen ihre „Karten“ an die Wand und präsentieren sie den anderen Gruppen.
4. Ein oder zwei Sprecher aus den einzelnen Gruppen benennen noch einmal die Namen und die Herkunftsländer ihrer Gruppenmitglieder. Je nachdem, wie sie später mit der „Karte“ weiterarbeiten wollen, können die TN ihre Namen in ihr Land schreiben.
5. Sprachlich fortgeschrittene TN können den anderen ca. eine Minute etwas über ihr Land erzählen.
6. Sie können anschließend die einzelnen Kleingruppen bitten, die Umrisse ihrer Länder auszuschneiden. Stellen Sie dazu eine Schere und Klebstoff zur Verfügung.
   Alle Gruppen kleben dann ihre Umrisse auf ein großes Stück Papier, möglichst räumlich geordnet. (Alternative: Sie machen sich die Mühe selbst und bringen die fertig geklebte „Landkarte“ als kleine Überraschung zur nächsten Sitzung mit.) Die TN haben auf diese Weise ihre persönliche, bedeutsame „Landkarte“.
   Diese „Landkarte“ können Sie und Ihre TN im weiteren Verlauf des Kurses für alle möglichen weiteren Aktivitäten benutzen, z.B.:
   - die entsprechenden Namen zum Land auf deutsch schreiben lassen
   - dort wohnende Volksgruppen, ihre Sprachen, Nationalitätsbezeichnungen eintragen
   - andere Ländernamen hinzufügen
   - in die Umrisse bei einem Ländervergleich die entsprechenden Charakteristika eintragen (vgl. Übung: „Kennen Sie Tagalog“, S. 11.)

➤ **Verfahren: (im Herkunftsland in nationalhomogenen Gruppen, die im Unterrichtsort oder in der Umgebung wohnen)**

Vorbereitung wie oben. Statt der Umrisse einzelner Länder malen die TN einen genauen Umriß des Wohnortes, gegebenenfalls auch der Region, des Distrikts, des Bezirks, des Bundeslandes, und markieren ihre Wohnungen in oder außerhalb des Umrisses.

➤ **Variante:**

1. Falls Sie genügend freie Fläche im Unterrichtsraum oder draußen haben, verteilt sich die Gesamtgruppe im Raum; die TN bestimmen einen Punkt im Raum als ihr Land oder ihre Wohnstätte und stellen sich dort auf.
2. Die TN stellen anschließend von ihrer Position im Raum aus ihr Herkunftsland / ihren Wohnort vor (z.B.: „Hier ist die Kreuzstraße. Hier wohne ich.“).

Kennen Sie Tagalog?

Thema: Benennung von Speisen, Personen, geographischen Punkten der Herkunftsländer und ähnlichem; Kulturvergleich

Zielgruppe: TN ab Grundstufe II, für multinationale Gruppen

Ziel: Kontaktaufnahme der TN untereinander, Schaffung einer guten Lernatmosphäre und Gruppendynamik. Die Herkunftsländer der TN werden präsent, und es wird Interesse an ihnen geweckt.

Aktivität: Spielerische Aktivität in der Gesamtgruppe

➤ Verfahren:

1. Bitten Sie die TN, über drei bis vier Dinge, Orte, Städte, Gerichte oder ähnliches nachzudenken, für die ihr Herkunftsland bekannt ist oder die es nur in ihrem Herkunftsland gibt, und diese als Stichpunkte zu notieren. (Geben Sie in einer Anfängergruppe Beispiele aus einigen Ländern, die in der Gruppe nicht vertreten sind.)
   Eine TN aus Polen könnte z.B. schreiben: *Bigos, Bison, die Weichsel, roter Barszcz.*
   Dann sollen Fragen überlegt und aufgeschrieben werden, mit denen nach den Stichwörtern gefragt werden kann. TN, die aus demselben Herkunftsland kommen, können ihre Fragen gemeinsam erarbeiten und die Fragen als geschlossene Gruppe an die anderen TN stellen. Sollten die TN Einzelarbeit vorziehen, überlassen Sie ihnen die Entscheidung, ob sie ihre Befragung auch bei ihren eigenen Landsleuten vornehmen wollen oder nicht.
2. Die TN gehen mit ihren Stichpunkten im Klassenraum umher und stellen sich gegenseitig die Fragen über ihr eigenes Land.
   Einige Beispiele:
   „Kennst du Bigos?“
   „Kennen Sie Tagalog?“
   Bei höherem Sprachniveau:
   „Hast du schon mal Csárdás getanzt?“
   „Weißt du, wo der Plattensee liegt?“
   „Weißt du, wo Loch Ness ist?“
   „Weißt du, wer Monika Seles ist?“
   Die Antworten der Befragten werden je nach TN-Gruppe und Niveau unterschiedlich ausführlich sein:
   „Ja, Tagalog ist die Sprache der Philippinen!“
   „Nein, kenne ich nicht.“
   „Keine Ahnung!“
   Bei der Befragung sollten die Befrager notieren, welche nachgefragten Dinge den anderen TN bekannt und welche ihnen unbekannt sind.
3. Nach Durchführung der Befragung berichten einzelne TN in der Gesamtgruppe (bei über 15 TN sollte die Gesamtgruppe geteilt werden) über den Kenntnisstand der TN und erklären ihre jeweiligen Begriffe. Der Bericht an die Gesamtgruppe lautet z.B.: „Nur eine Person wußte, daß Tagalog die Sprache der Philippinen ist.“ oder „Die meisten wissen nicht, wo der Plattensee liegt. Er liegt im Südwesten Ungarns.“ oder „Alle kennen Monika Seles.“ Sie oder die berichtenden TN halten die genannten Begriffe auf Flipchart oder Packpapier zur Wiederverwendung fest.
4. Bitten Sie anschließend die TN, ebenso über Besonderheiten in Deutschland, Österreich oder der Schweiz nachzudenken beziehungsweise darüber, welche Besonderheiten wohl Deutsche, Österreicher oder Schweizer für ihr Land nennen würden. Diskutieren Sie gemeinsam.

➤ Hinweis:

Wichtig ist bei dieser Übung vor allem die Tatsache, daß allen TN Aufmerksamkeit geschenkt wird, daß sie aus ihrer kulturellen Anonymität heraustreten und mit ihren Informationen ernst genommen werden. Es bietet sich deshalb auch an, die von den TN genannten Begriffe aus ihren Herkunftsländern in den nächsten Unterrichtsstunden wieder aufzugreifen. Dies kann in Form von Diktaten, Intonationsübungen oder in Grammatikübungen geschehen.

Wie weit?

Thema: Wohnung - Lehrstätte
Zielgruppe: TN ab Grundstufe I
Ziel: Information einholen über die Wohnstätten der anderen TN; im Zielland: landeskundliche Orientierung
Aktivität: Gruppenarbeit, allgemeine Begegnung

➤ **Material/Vorbereitung:**

Großes Stück Papier, ein Kärtchen pro TN (mindestens 5 x 10 cm), eventuell Klebstoff, Pinnadeln. Beschriften Sie die Kärtchen mit Angaben zu örtlichen Gegebenheiten am Wohnort. Wählen Sie die Standorte, die in der Nähe der Adressen der TN liegen (in der Regel haben Sie als KL eine Teilnehmerliste mit Adressen) und die den TN aller Wahrscheinlichkeit bekannt sind (z.B. U-Bahnstationen, große Straßen, Moschee, Restaurant, Café etc.).

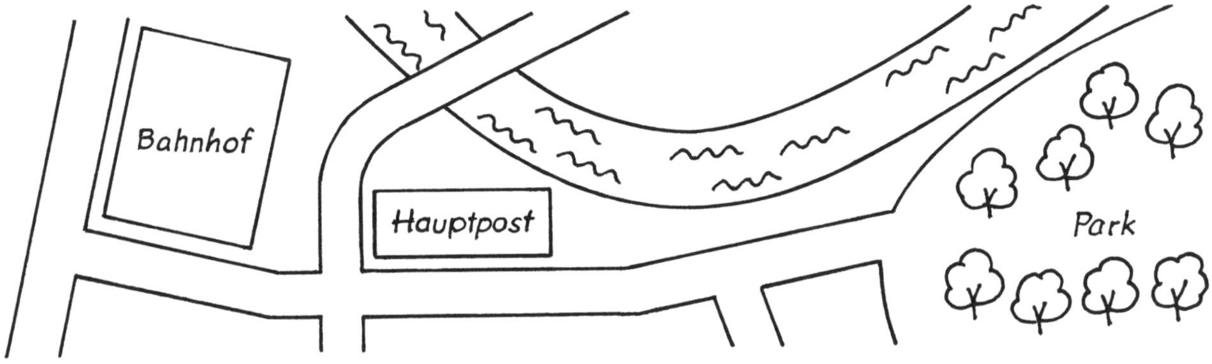

➤ **Verfahren:**

1. Beginnen Sie den Unterricht, indem Sie den Umriß des Unterrichtsortes auf ein großes Stück Packpapier malen. Zeichnen/markieren Sie in den Umriß als Orientierung vier bis fünf den TN ausreichend bekannte Standorte im Unterrichtsort, wie z.B. den Bahnhof, den Fluß, den Park, die Hauptpost etc.
2. Mischen Sie die Kärtchen und lassen Sie jede/n TN ein Kärtchen ziehen.
3. Bitten Sie die TN, die Namen der Bezeichnungen auf ihren Kärtchen zu lernen.
4. Die TN gehen im Raum umher und stellen jedem einzelnen TN immer wieder die Frage „Wohnst Du in der Nähe von ... / bei ... /an der ... Brücke?“, möglichst ohne Zuhilfenahme des Kärtchens. (Wenn die TN noch unsicher mit dem Gebrauch der Lokalpräpositionen sind, schreiben Sie ein paar Beispielsätze an die Tafel). Die Namen der TN, die tatsächlich dort oder in der Nähe wohnen, werden auf dem Kärtchen notiert.

Abschließend befestigen die TN ihre Kärtchen mit Klebstoff oder Nadeln auf dem vorbereiteten Ortsumriß. Die TN helfen sich gegenseitig, ihre Kärtchen geographisch richtig auf dem „Stadtplan“ anzubringen.

➤ **Einbettung:**

Als Anschlußübung bietet sich an, daß die TN sich gegenseitig fragen, wie lang der Weg zum Unterricht ist, mit welchen Verkehrsmitteln sie kommen etc. Sie können diesen „Stadtplan“ als Grundlage nehmen, um Schritt für Schritt in den folgenden Sitzungen mit den TN den Wohnort zu erschließen.

➤ **Hinweis:**

Erfahrungsgemäß haben TN im Zielsprachenland manchmal nur wenige Kenntnisse von der Größe ihres Wohnorts, von Entfernungen und der Lage ihrer Wohnstätte; deshalb halten wir diese Übung im Anfangsunterricht für sehr wichtig.

Suchen und Finden

Thema: Gegenseitiges Kennenlernen und Aktivierung von Vorwissen über Deutschland, Österreich und die Schweiz

Zielgruppe: TN ab Grundstufe II

Ziel: Vorwissen aktivieren
– Erste Kontakte
– Erstes Kennenlernen

Aktivität: Allgemeine Begegnung

➤ Material/Vorbereitung:

Ein Arbeitsblatt pro TN, ein Lösungsblatt, nach Nummern in Streifen geschnitten.

➤ Verfahren:

1. Verteilen Sie die Arbeitsblätter an alle TN; die TN lesen die Blätter.
2. Erklären Sie nun das Verfahren: Jede/r TN entscheidet sich für eine Frage aus dem Arbeitsblatt, deren Beantwortung durch andere TN sie/ihn interessieren würde. Mit dieser einen Frage soll jede/r versuchen, so viele Antworten wie möglich von den anderen zu erhalten.
3. Nachdem sich die TN für ihre Frage entschieden haben, geben Sie den einzelnen „Frageinhabern" die entsprechenden Lösungen beziehungsweise Erklärungen zu der jeweiligen Frage. Die TN lesen diese durch, behalten den Inhalt aber für sich. Helfen Sie bei Verständnisschwierigkeiten.
4. Bitten Sie die TN, aufzustehen und im Raum umherzugehen und die Befragung durchzuführen. Brechen Sie ab, wenn die ersten TN mit ihren Fragen fertig sind.
5. Im Plenum stellen die TN ihre Ergebnisse in einer Art Gruppenstatistik vor, z.B.: „Sieben von zwölf Befragten kennen ... gar nicht, zwei von zwölf Befragten kennen ... ein bißchen. Wir konnten nicht klären, ob ..." etc. Die „Frageinhaber" können jetzt auch ihre Lösungen oder Erklärungen an die anderen TN weitergeben. Noch offene Fragen (z.B. Fragen 1, 3, 13) können Sie als Auftrag an einige TN, die sich für diese Fragen interessieren, zur Beantwortung für die nächste Unterrichtsstunde verteilen.
6. Ermuntern Sie die TN anschließend, ihre landeskundlichen Interessengebiete in bezug auf die deutschsprachigen Länder zu nennen, und entscheiden Sie mit ihnen gemeinsam, welche Themen Sie anschließend oder zu einem späteren Zeitpunkt im Unterricht aufgreifen oder vertiefen wollen.

➤ Variante:

Zur Erhaltung des Überraschungseffektes der Fragen schneiden Sie die Sätze (vergrößerte Kopie) in Streifen (so viele Sätze wie anwesende TN) und lassen die TN je einen Streifen ziehen. Weiteres Verfahren wie oben.

➤ Hinweis:

In dieser Übung kommt es vor allem auf die Kontaktaufnahme und erst in zweiter Linie auf das Sammeln und den Austausch von Vorwissen und Informationen an. Die Fragen sollen Spaß bringen und neugierig machen und sind deshalb manchmal sehr speziell. Sie können die Übung nach Punkt 5 der Verfahrensbeschreibung beenden und als eine Kontaktübung belassen. Sie haben aber auch die Möglichkeit, die Übung dahingehend auszuwerten, Vorwissen und Interessen der TN festzustellen. In diesem Fall verfahren Sie weiter nach Punkt 6.

A

Suchen und Finden

1. *Welche der folgenden Fragen interessiert Sie persönlich am meisten?*

2. *Klären Sie mit den anderen TN, wer sich für welche Frage interessiert. Jede/r übernimmt eine andere Frage.*

3. *Stellen Sie die von Ihnen gewählte Frage möglichst vielen TN im Kurs. Sammeln Sie möglichst viele Antworten und Informationen. Machen Sie dazu Notizen.*

---

1. Kennen Sie drei bedeutende Komponisten aus mindestens einem der drei deutschsprachigen Länder? Welche?
2. Haben Sie schon einmal ein Buch eines Autors aus dem deutschsprachigen Raum gelesen? Welches?
3. Können Sie außer *Rose* noch andere Blumen auf deutsch benennen?
4. Schmeckt *Palatschinken* süß, salzig oder sauer?
5. Wissen Sie, welche europäischen Länder der Rhein berührt?
6. Können Sie erklären, was ein *Ökoladen* ist?
7. Wissen Sie, aus welchem Land die *Rösti* kommen?
8. Wissen Sie, was die „Lindenstraße" ist? Erklären Sie.
9. Haben Sie schon mal *Eisbein mit Sauerkraut* gegessen? Was ist das?
10. Können Sie einen *Schoppen* von einem *Riesling* unterscheiden? Erklären Sie.
11. Können Sie ein Lied auf deutsch singen oder pfeifen? Bitte tun Sie es.
12. Wissen Sie, wie *Kölnisch Wasser* riecht? Beschreiben Sie.
13. Können Sie die erste Zeile eines deutschen Gedichts sagen? Welche?
14. Wissen Sie, wo in Deutschland Palmen wachsen?
15. Können Sie ein Bild eines deutschen, österreichischen oder schweizerischen Malers beschreiben. Wie heißt es? Wer ist der/die Maler/in?
16. Haben Sie schon mal *Knödel* gegessen? Was ist das?
17. Können Sie sagen, was auf der Vorderseite eines Zehn-Mark-Scheins abgebildet ist?
18. Können Sie sagen, ob Bismarck einen Bart hatte oder nicht?
19. Können Sie einen Tirolerhut von einer Baskenmütze unterscheiden? Beschreiben Sie.
20. Wissen Sie, was für Tiere in der Lüneburger Heide herumlaufen? Wie heißen die? Wie sehen die aus?
21. In der Schweiz wird Deutsch in der Ostschweiz, Italienisch im Tessin und Französisch in der Westschweiz gesprochen. Welche vierte Sprache spielt noch eine Rolle?

zu 4: *Palatschinken* (Österreich) ist ein dünner Eierpfannkuchen mit Marmelade oder einer anderen süßen Füllung.

zu 5: Der Rhein berührt fünf europäische Länder: die Niederlande, Deutschland, Frankreich, die Schweiz, Liechtenstein.

zu 6: Ein *Ökoladen* ist ein Laden, in dem vorwiegend Waren verkauft werden, die den Vorstellungen von der Erhaltung der natürlichen Umwelt und einer gesunden Lebensweise entsprechen, z.B. ungeschälter Reis, ohne chemische Giftmittel herangezogenes Gemüse, Vollwertnahrung.

zu 7: *Rösti* sind fein geriebene Kartoffeln, die gebraten werden; ein Schweizer Gericht.

zu 8: Die „Lindenstraße“ ist eine langjährige deutsche Fernseh-Unterhaltungsserie, die aktuelle nationale und internationale Ereignisse in den Familienalltag einbezieht (Reality TV).

zu 9: *Eisbein* ist gekochtes und gepökeltes Schweinebein; Sauerkraut ist feingeschnittener Weißkohl, gewürzt mit Salz, Gewürzen und Wein. Er wird der Gärung ausgesetzt und auf diese Weise konserviert.

zu 10: Unter *Schoppen* versteht man ein Glas mit einem Viertelliter Wein. *Riesling* ist aus den Trauben des Rieslings (Rebsorte mit kleinen gelben Beeren) hergestellter fruchtiger Weißwein.

zu 12: *Kölnisch Wasser* ist ein Duftwasser, das ursprünglich nur in Köln hergestellt wurde.

zu 14: Palmen wachsen in der wärmsten Gegend in Deutschland, am Bodensee auf der Insel Mainau.

zu 16: *Knödel* sind Klöße aus Gries, Kartoffeln, Fleisch oder Semmeln, die besonders in Süddeutschland und Österreich gegessen werden.

zu 17: Auf der Vorderseite eines Zehn-Mark-Scheins ist ein Männerkopf zu sehen, und zwar von Carl Friedrich Gauß (1777 - 1855), einem Mathematiker und Astronomen.

zu 18: Otto von Bismarck (1815 - 1898) war 19 Jahre lang als Reichskanzler und preußischer Ministerpräsident Leiter der deutschen Politik. Er hatte einen Bart, aber keinen Vollbart, sondern einen sogenannten Backenbart und einen Schnäuzer.

zu 19: Ein Tirolerhut ist ein weicher Filzhut, der oben spitz zuläuft. Tirol ist ein österreichisches Bundesland. Eine Baskenmütze ist eine nach den Basken (Volksstamm in Nordspanien) benannte flache schirmlose Mütze aus Wolle oder Haarfilz.

zu 20: Es handelt sich um sogenannte Heidschnucken. Das sind nur in der Lüneburger Heide gezüchtete kleine Schafe mit grauem oder weißem Fell und kurzem Schwanz.

zu 21: Rätoromanisch wird in bestimmten Gegenden, z.B. in Graubünden gesprochen.

❖

„Wo bin ich jetzt?“

Thema: Wegbeschreibung
Zielgruppe: TN ab Grundstufe I
Ziel: Räumliche Orientierung auf der Basis von Diktaten. Diese können im Zielland auch zum Kennenlernen von wichtigen Einrichtungen dienen.
Aktivität: Diktat, Partner- und Gruppenarbeit

➤ Material/Vorbereitung:

Ein Stadtplan oder eine Kopie des Stadtplans mit entsprechendem Ausschnitt.

➤ Verfahren:

1. Sie diktieren den TN einen Text nach folgendem Beispiel und lassen die TN das räumliche Ziel raten:

   Sie stehen vor der Volkshochschule. Gehen Sie rechts die Friedrichstraße entlang, immer geradeaus. Am Ende der Friedrichstraße kommen Sie zum Mehringplatz. Überqueren Sie den Platz. Gehen Sie an der U-Bahn-Station Hallesches Tor vorbei, über die Möckernbrücke. Gehen Sie über den Blücherplatz. Schräg rechts von Ihnen ist Hertie. Wovor stehen Sie jetzt? (Lösung: vor der Amerika-Gedenkbibliothek, Berlin)

2. Geben Sie den TN nach dem Diktieren genügend Zeit, den Text noch einmal durchzulesen und zu erraten, welcher Standort gemeint ist. Der/die TN, der/die ihn zuerst errät, ruft diesen laut in den Raum.

3. Zum Schluß korrigieren die TN die Orthographie ihrer Texte paarweise und vergleichen in Zweifelsfällen auch mit anderen Paaren.

➤ Variante:

Bei fortgeschritteneren Gruppen: Diktieren Sie nicht selbst, lassen Sie die TN sich gegenseitig eine Wegbeschreibung zu Orten und Gebäuden diktieren, die ihnen bekannt sind.

➤ Hinweis:

Diktate sind am interessantesten, wenn sie für die TN eine reale Bedeutung haben. Im obigen Beispiel ist die Bibliothek für die TN der Ort, wo sie Lehr- und Wörterbücher, Kassetten, Literatur ausleihen können. Weitere Beispiele für das Zielland: Schwimmbad, Museum, U-Bahnstation, Denkmal etc. In dieser Weise können auch gemeinsame landeskundliche Gänge vorbereitet werden, z.B. der Besuch einer Ausstellung im Museum, ein Besuch bei der Verbraucherberatung/im Restaurant, ein Gang auf den Markt oder ähnliches.
Im Ausland können Sie eine für die TN interessante Einrichtung vorstellen, z.B. ein Kulturinstitut.

Häusermeer

Thema: Wegbeschreibung
Zielgruppe: TN ab Grundstufe II
Ziel: Zuordnungen treffen und begründen können; Wahrnehmungssensibilisierung, Bildbeschreibung, Kennenlernen von Siedlungsformen
Aktivität: Arbeit mit Bildern

➤ Material/Vorbereitung:

Sie brauchen eine Vielzahl von Fotos oder Zeichnungen von Häusern und Siedlungsformen aus Deutschland, Österreich, der Schweiz und anderen Ländern, aber auch von international vorfindbaren Gebäuden und Siedlungsformen (Zeitschriften, Postkarten, Fotos etc.), die Sie selbst entsprechend der Aufgabenstellung eindeutig zuordnen können. Zur Arbeit mit Illustrationen allgemein: siehe das Vorwort „Zu diesem Buch" auf S. 3.

➤ Verfahren:

1. Falls Sie in einem Stuhlkreis arbeiten, verteilen Sie die Bilder auf dem Boden in der Mitte des Kreises. Ansonsten schaffen Sie an einem anderen Ort genügend Raum zum Verteilen der Bilder, so daß alle TN genug Platz und Zugang haben.
2. Aus der Vielzahl der Bilder ordnen die TN die Bilder mehreren Stapeln zu.
   Stapel 1: *Zielland* (Entscheiden Sie selbst, ob Sie unterscheiden wollen zwischen Deutschland, Österreich und der Schweiz und den Stapel nach dem jeweiligen Land benennen wollen; andernfalls benennen Sie den Stapel nicht nach dem Zielland, sondern allgemein *deutschsprachiger Raum.*)
   Stapel 2: *International*
   Stapel 3: *ein bestimmtes anderes Land*
   Stapel 4: *ich weiß nicht.*
3. Gehen Sie die Stapel gemeinsam noch einmal durch und überprüfen Sie die Zuordnung. Gemeinsam werden in der Gruppe die Kriterien aufgedeckt, nach denen die TN die Verteilung vorgenommen haben, und gemeinsam werden die Merkmale entwickelt und diskutiert, die helfen, die unterschiedlichen Stapel, besonders den Stapel *Zielland*, anzulegen.
4. Zum Abschluß sammeln Sie die Beobachtungen der TN an der Tafel. Sie können dabei Fragen stellen wie: „Was macht den Unterschied aus ...?", „Was ist spezifisch für ...?" oder „Aufgrund welcher Details können Sie ... erkennen?"

➤ Variante:

Als mögliche Weiterführung könnten alle Bilder wieder auseinandergelegt werden. Bitten Sie jede/n TN, sich ein Bild auszusuchen, das ihm/ihr am besten gefällt. Dies soll unauffällig geschehen, das heißt, man soll das jeweilige Bild nicht aufnehmen oder überdeutlich darauf starren. Die TN suchen sich dann eine/n Partner/in, dem oder der sie das Bild beschreiben mit Sätzen wie z.B.: „Auf meinem Bild gibt es ...", „Auf meinem Bild sehe ich ...".

➤ Hinweis:

Vor oder während der Partnerübung helfen Sie mit Wörtern und Ausdrücken. Sollte sehr viel neues Vokabular auftauchen, binden Sie die neuen Wörter in Ihren weiteren Unterricht durch entsprechende Wortschatzübungen oder Tests mit ein.

Eine Urlaubskarte

Thema:	Orte und Landschaften in deutschsprachigen Ländern
Zielgruppe:	TN ab Grundstufe I
Ziel:	Eine Ansichtskarte herstellen und schreiben; Nachbereitung und Vertiefung geographischen Wissens
Aktivität:	Kreative Texterstellung in Einzel- oder Gruppenarbeit

➤ **Material/Vorbereitung:**

Eine Landkarte von Deutschland, Österreich und/oder der Schweiz, eine Vielzahl von authentischem Bildmaterial (Zeitschriften, Postkarten, Bilder, kleine Gegenstände, die sich für eine Collage eignen, z.B. Blätter, Federn etc.). Im Zielland können Sie die TN mit ins Sammeln einbeziehen. (Zur Materialbeschaffung siehe auch das Vorwort: „Zu diesem Buch" S. 3.)

➤ **Verfahren:**

1. Fordern Sie die TN auf, das vorliegende Material zu benutzen (malen, ausschneiden, kleben etc.), um eine Urlaubskarte aus einem beliebigen Ort oder einer beliebigen Landschaft des Ziellandes herzustellen.
2. Anschließend schreiben die TN einen fiktiven Urlaubsgruß an eine oder mehrere Personen ihrer Wahl aus dem Kurs. Dies kann in Einzelarbeit oder zu zweit geschehen. Während die TN ihre Karten schreiben, gehen Sie umher, greifen unterstützend ein und korrigieren gegebenenfalls.
3. Bei einer kleinen Lerngruppe können die TN auch alle Postkarten an Sie adressieren. Sie können diese Karten beantworten und dabei den Wortlaut der TN soweit wie möglich wieder aufnehmen und den TN damit eine indirekte Korrektur zukommen lassen. Wenn ein/e TN z.B. schreibt: „Letzte Woche fuhr ich <u>zu</u> Wien ...", könnte Ihre Antwort und Korrektur lauten: „Wie schön, daß Sie <u>nach</u> Wien fuhren ..."

➤ **Einbettung:**

Als Weiterführung können Sie, wenn die TN das wünschen, die geographischen und klimatischen Gegebenheiten der von den TN ausgesuchten „Urlaubsorte" mit Hilfe z.B. einer Landkarte, eines Prospektes, eines Videofilmes, eines Reiseführers oder von anderem Material des Gebietes weiter erschließen. Lassen Sie z.B. einen Brief an das lokale Fremdenverkehrsamt formulieren und fordern Sie dort Werbematerial an.

➤ **Hinweis:**

Einsatz insbesondere in Intensivkursen als kreative Phase, als Abschluß und Vertiefung einer geographischen Unterrichtseinheit über das Zielland. Es kommt bei dieser Übung vor allem auf die emotionale Beziehung der TN zum Zielland an. Die TN sollen aus ihrem allgemeinen Wissen und ihren eigenen Vorstellungen über das Zielland schöpfen und diese dann ergänzen. Die landeskundliche Detailinformation sollte von den Interessen der TN bestimmt und begrenzt werden.

Wo ich mich am wohlsten fühle

Thema: Landschaften in Deutschland, Österreich oder der Schweiz
Zielgruppe: TN ab Grundstufe II
Ziel: Landeskundliches Grundwissen aktivieren und einen emotionalen Zugang zu Landschaften in den deutschsprachigen Ländern gewinnen; Einstieg in die Landeskunde zu bestimmten Regionen; gegenseitiges Kennenlernen
Aktivität: Arbeit mit Bildern

➤ Material/Vorbereitung:

Eine große Menge an Bildern (Postkarten, Zeitungsbilder, Fotos, alte Kalenderbilder oder sonstiges) über Landschaften (z. B. Meerlandschaft, Flachland, Hügelland, Hochgebirge) in den deutschsprachigen Ländern (bei 20 TN sollten es ca. 100 sein), die Sie entsprechend der Aufgabenstellung zuordnen können. Eventuell eine Landkarte des Gebiets. Zu allgemeinen Überlegungen zur Arbeit mit Bildern und Materialbeschaffung siehe „Zu diesem Buch“ auf S. 3.

➤ Verfahren:

1. Verteilen Sie die Bilder so im Raum, daß alle TN bequem Zugang zu ihnen haben.
2. Die TN wählen aus der Vielzahl dieser Illustrationen ein Bild aus, das die Landschaft in Deutschland, Österreich oder in der Schweiz präsentiert, in der sie sich am wohlsten fühlen würden.
3. Die TN suchen sich eine/n Partner/in, mit der/dem sie sich gerne über diese Landschaft austauschen und ihre Wahl begründen oder erklären würden.

➤ Variante:

Noch spannender ist es, wenn die beiden Partner/innen ihre Bilder austauschen, einen Moment sich das Bild des anderen anschauen und vermuten, warum ihr/e Partner/in gerade diese Landschaft gewählt hat.

➤ Einbettung:

Als Anschluß bietet es sich an, die ausgewählten Bilder einer Landkarte zuzuordnen und aufzuhängen. Zeigen sich in einer Gruppe bestimmte Vorlieben für bestimmte Landschaften, gibt Ihnen dies einen Anhaltspunkt für weiteres Arbeiten. Nehmen Sie z. B. eine von den TN gewählte Landschaft als Stimmungsbild für einen Dialog in einer der nächsten Lektionen Ihres Lehrbuches. So geben Sie einem ursprünglich „nackten“ Dialog einen Raum, eine konkrete Situation und damit Lebendigkeit und Authentizität. Die Übung eignet sich auch zur Einführung in die Themenkomplexe „Reisen“, „Landschaft“, „Literatur“ und „Tourismus“, wie sie z. B. in „Deutsch aktiv Neu 1C“ oder „Die Suche“, Langenscheidt Verlag, behandelt werden.

Ich war mal in Zürich

Thema: Die deutschsprachigen Länder aus subjektiver Sicht
Zielgruppe: TN ab Grundstufe II
Ziel: Erschließung der deutschsprachigen Länder anhand von Vorwissen; Informations- und Erfahrungsaustausch zum Thema; Wahrnehmung verschiedener Sichtweisen
Aktivität: Verbale Gruppenaktivität; Wiederholung im Plenum

➤ Material/Vorbereitung:

Ein DIN A 4- oder DIN A 3-Blatt pro Gruppe und ein großes Stück Papier (2 x 3 m) für die Gesamtgruppe, Stifte, eventuell eine Karte des jeweiligen Ziellandes.

➤ Verfahren:

1. Bitten Sie die TN, sich in Kleingruppen aufzuteilen (vier bis fünf Personen).
2. In den Kleingruppen zeichnen die TN den Umriß von Österreich, Deutschland und/oder der Schweiz auf das Blatt Papier.
3. Lassen Sie die TN darüber nachdenken, welche Stadt oder Region oder welchen Fluß sie in dem jeweiligen Zielland kennen, und auch darüber, woher ihnen die jeweilige Stadt, Region oder der Fluß bekannt oder vertraut ist.
4. Die TN zeichnen in ihren Kleingruppen die ihnen bekannte Stadt, den ihnen bekannten Fluß usw. in den Umriß und beschreiben mündlich, welche Beziehung sie zu dem genannten Punkt haben beziehungsweise, woher sie diesen kennen: aus der Literatur, von einem Gemälde, einem Aufenthalt. Bitten Sie die TN, bei ihren Eintragungen auf die geographische Richtigkeit zu achten; die TN können eine Karte oder einen Atlas oder andere Nachschlagewerke zu Hilfe nehmen.
   Die Beiträge der TN lauten z.B.:
   „Ich war mal in Zürich."
   „Ich kenne Dortmund, da wohnt ein Onkel von mir."
   „Ich kenne den Rhein. Meine Kusine hat von den Burgen erzählt."
   „Ich habe Berlin im Fernsehen gesehen. Da wurden die Reste der Mauer gezeigt."
   Setzen Sie einen Zeitpunkt für die Beendigung der Übung.
5. Nachdem alle TN ihre persönlichen Erfahrungen ausgetauscht haben, begeben sich die einzelnen Gruppen zu der „großen Karte", deren Umrisse Sie oder die TN vorbereitet haben - am besten auf dem Boden -, und jede/r TN malt jeweils einen Punkt auf die Karte und beschreibt jetzt noch einmal in einem kurzen, zusammenfassenden Satz vor der Gesamtgruppe die Bedeutung, die der Ort für ihn/sie hat.
   Bei einer sehr großen Gruppe sollten Sie diese teilen.

➤ Einbettung:

Die Übung kann als Einstieg in das Thema „Geographie der drei deutschsprachigen Länder" eingesetzt werden oder Auftakt sein für Kurzreferate der TN über „ihren" Ort, über ein Bundesland / einen Kanton ihrer Wahl etc.
Die von den TN erstellte Karte eignet sich zur weiteren Verwendung für verschiedene Unterrichtsinhalte; wann immer in der Folgezeit landeskundliche Informationen (z. B. über Bodenschätze, Industrieregionen) auftauchen, werden sie auf der „Karte" eingetragen. Die „Karte" wächst sozusagen mit.

➤ Hinweis:

Bei dieser Übung kommt es nicht auf die subjektiven Vorlieben der TN für bestimmte Landschaften oder Städte etc. an. Es geht allerdings auch *nicht* darum, das Zielland von einer vorgefertigten Landkarte her zu erschließen, sondern mittels eigener Vorkenntnisse der TN eine eigene Karte zu erstellen. Die Karte wird durch die persönlichen Beiträge mit Leben gefüllt, ergänzt und erweitert. Dadurch werden die verschiedenen Fakten von den TN viel besser behalten.

Die Reise nach Buxtehude

Thema: Geographie
Zielgruppe: TN ab Grundstufe I
Ziel: Sensibilisierung des Hörverstehens; Wortschatzwiederholung eines inhaltlich begrenzten Wortfeldes, z.B. aus der Geographie Deutschlands
Aktivität: Bewegung im Raum

➤ **Material/Vorbereitung:**

Raum umgestalten, so daß eine Stuhlreihe entsprechend der Anzahl der TN aufgestellt werden kann.

➤ **Verfahren:**

In Anlehnung an das Kinderspiel „Die Reise nach Jerusalem" stellen Sie die Stühle - der Anzahl der TN entsprechend einen weniger - in einer Reihe auf, so daß abwechselnd ein Stuhl zur einen, der nächste zur anderen Seite weist. Die TN stellen sich um die Stuhlreihe herum gleichmäßig verteilt auf, und während Sie jetzt anfangen, eine Litanei von Wörtern, z.B. aus dem Wortfeld *Flüsse in Deutschland* („der Rhein, die Donau, der Main," etc.) zu sprechen, gehen die TN in zügigem Tempo um die Stuhlreihe herum. Sobald Sie ein Wort sagen, das nicht aus dem verabredeten Wortfeld stammt, z.B. aus dem Wortfeld *Flüsse*: „der Taunus!", setzen sich alle so schnell wie möglich auf einen Stuhl, und ein/e TN bleibt übrig. Diese/r TN scheidet für dieses Mal aus, und ein weiterer Stuhl wird weggenommen.

➤ **Variante:**

An Ihrer Stelle übernehmen die TN das Aufstellen der Liste und das Aufzählen der Wörter.

➤ **Hinweis:**

Entscheiden Sie selbst, je nach Kenntnisstand der Gruppe und Ihrer Absicht der Vertiefung des Stoffes, wie viele Runden Sie bei einem Wortfeld bleiben. Wichtig ist, daß die Übung Spaß macht und ein zügiges Tempo behält.

Wortfeld *Deutsche Bundesländer*:

Niedersachsen, Berlin, Hamburg, Brandenburg, Mecklenburg-Vorpommern, Schleswig-Holstein, Sachsen-Anhalt, Bremen, Nordrhein-Westfalen, Hessen, Thüringen, Sachsen, Rheinland-Pflalz, Bayern, Saarland, Baden-Württemberg.

Mögliche Fehler z.B.: Niederlande, Regensburg, Alpen.

Wortfeld *Landeshauptstädte der BRD*:

Kiel, Erfurt, Mainz, Berlin, Dresden, Saarbrücken, Magdeburg, Hannover, Düsseldorf, Wiesbaden, München, Potsdam, Stuttgart, Bremen, Schwerin.

Mögliche Fehler z.B.: Frankfurt, Köln, Donau.

Wortfeld *Städte in Österreich*:

Wien, Graz, Salzburg, Bad Gastein, Zell am See, Innsbruck, Kitzbühl, St. Anton, Mariazell, Landeck.

Mögliche Fehler z.B.: Kärnten, Basel, Augsburg Heilbronn.

Wortfeld *Flüsse der deutschsprachigen Länder*:

die Donau, der Main, der Lech, die Oder, der Inn, die Elbe, der Rhein, die Isar, die Ems, die Mosel, der Neckar, die Weser, die Saale.

Mögliche Fehler z.B.: der Harz, der Taunus, die Röhn.

Wortfeld *Gebirge der deutschsprachigen Länder*:

der Odenwald, die Alpen, der Taunus, die Röhn, der Schwarzwald, das Erzgebirge, das Vogtland, das Fichtelgebirge, der Thüringer Wald, der Harz, die Schwäbische Alb, der Bayerische Wald.

Mögliche Fehler z.B.: Nürnberg, Heidelberg, Freiburg, Steiermark.

Wortfeld *Seen der deutschsprachigen Länder*:

Vierwaldstätter See, Plauer See, Züricher See, Titisee, Großer Wörther See, Steinhuder Meer, Genfer See, Königssee, Bodensee, Müggelsee, Chiemsee, Plöner See, Ammersee.

Mögliche Fehler z.B.: Seefeld, Nordsee, Buxtehude.

Ich fahre nach Nordrhein-Westfalen

Thema:	Bundesländer und Kantone sowie ihre Hauptstädte (in Deutschland, Österreich oder der Schweiz)
Zielgruppe:	TN ab Grundstufe I
Ziel:	Landeskundliches Wissen, spielerisches Wiederholen und Vertiefen; Wiederholen der Namen der TN, weiteres Kennenlernen
Aktivität:	Platzwechsel, Bewegung im Raum

➤ **Verfahren:**

1. Stellen Sie zu Beginn der Übung gemeinsam die deutschen oder österreichischen Bundesländer (Muster unten) oder die Kantone der Schweiz und ihre Hauptstädte zusammen; bei Bedarf schreiben Sie diese für alle sichtbar (z.B. an der Tafel) auf.
2. Setzen Sie sich mit den TN in einen Stuhlkreis ohne Tisch. Erklären Sie die Spielregel und lassen Sie ein paar Beispiele zur Verdeutlichung machen. Gegebenenfalls schreiben Sie die Beispiele an, um sicher zu gehen, daß alle TN die Regel verstanden haben.
3. Spielregel: Jeweils ein/e TN sagt einen Satz, der einem vorgegebenen Muster folgt, wobei die einzelnen Bausteine aber ausgetauscht werden können.
Beispiel: „Ich fahre nach / Nordrhein-Westfalen / und treffe Renate / in Düsseldorf." – „Ich wohne in / Niedersachsen / und fahre mit Pascal / in Hannover / Ski."
Es dürfen durchaus inhaltlich unsinnige Sätze sein. Wichtig ist nur, daß Bundeshauptstadt und Bundesland richtig zusammengehören. Sprecher und erwähnte TN wechseln schnell die Plätze, und letzterer macht weiter. Dieses Spiel sollte schnell gespielt werden, und es darf viel gelacht werden. Entscheiden Sie dann selbst für Ihre Gruppe, ob TN in einem zweiten Schritt bei Fehlern bezüglich der Landeshauptstädte/Bundesländer ausscheiden sollen.

Österreich

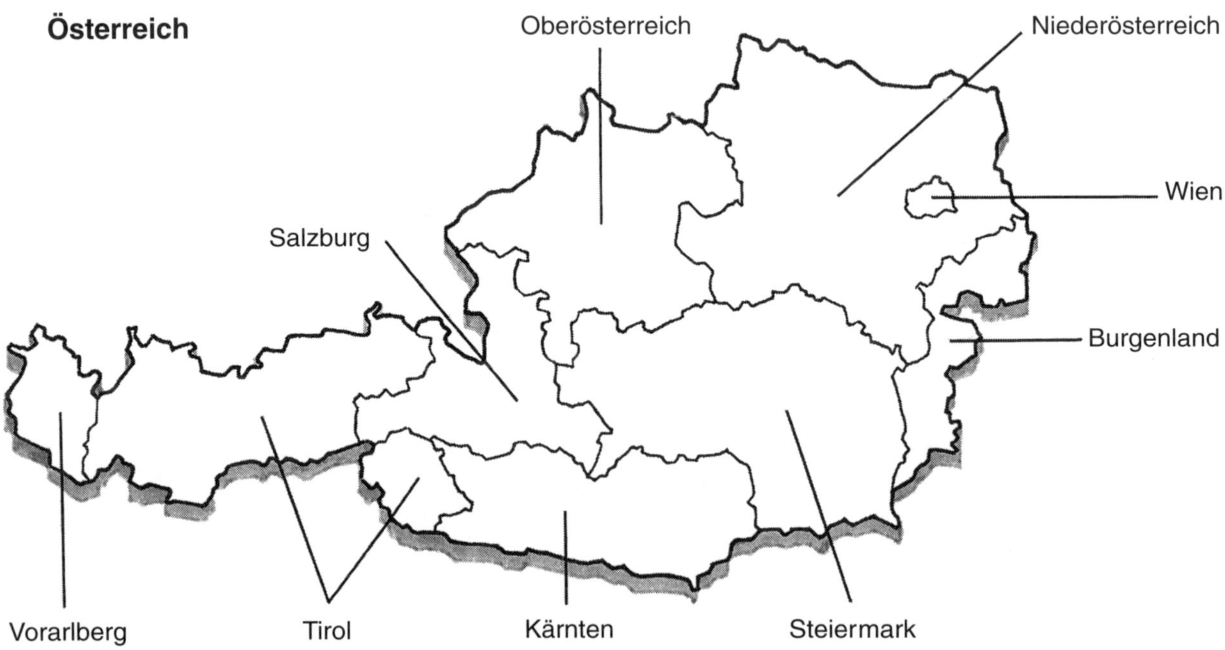

Ich komme aus Sachsen

Thema: Portraits einzelner Bundesländer/Städte oder der deutschsprachigen Länder

Zielgruppe: TN ab Grundstufe I

Ziel: Sachwissen über die einzelnen Bundesländer / einzelne Städte / die deutschsprachigen Länder sammeln und vertiefen

Aktivität: Verbaler Austausch

➤ Material/Vorbereitung:

TN sitzen im Kreis, so daß sich alle sehen können.

➤ Verfahren:

Beginnen Sie das Spiel mit einem Satz wie z.B.: „Ich komme aus Zürich und bringe Schweizer Schokolade mit."
Der/die nächste TN sagt: „Ich komme aus Zürich und bringe Schweizer Schokolade und ein Stück Emmentaler mit." etc.
Ermuntern Sie die TN, als Gedächtnisstütze ihre Aussage jeweils mit einer Geste zu verbinden, z.B. ein Stück Schokolade abzubrechen und zu essen, an einem Stück Käse zu riechen und die Nase zu rümpfen. Sollte mal irgend jemand steckenbleiben, so dürfen die anderen helfen, indem sie die Geste als Erinnerungshilfe vormachen.

➤ Einbettung:

Als Abschluß einer landeskundlichen Unterrichtsreihe, z.B. über die Bundesländer, über Städte, über ein deutschsprachiges Land.

➤ Hinweis:

Analog zum Spiel „Kofferpacken" werden hier vorher gelernte Sachinformationen wiederholt und vertieft.
Machen Sie diese Art der Übung ruhig öfter, denn sie trainiert das Gedächtnis, und die Gruppe merkt gleichzeitig ihre Fortschritte. Achten Sie darauf, daß eine gewisse Schnelligkeit eingehalten wird. Greifen Sie lieber unterstützend ein, als daß die Hälfte der Gruppe sich langweilt.

Deutsche im Ausland – Fremde in Deutschland

Thema:	Deutsche Migrationsprozesse und Migrationsprozesse in Deutschland
Zielgruppe:	TN ab Grundstufe II
Ziel:	Einen Text über Migrationsprozesse in graphischer Struktur (als „Mind map") wiedergeben
Aktivität:	Selbständige, kreative Einzel- und Gruppenarbeit an einem Text

➤ **Material/Vorbereitung:**

Eine Kopie des Sachtextes und ein DIN A 4-Blatt pro TN.

➤ **Verfahren:**

1. Erklären Sie Ihren TN zuerst Ziel und Vorgehensweise des „Mindmapping" und teilen Sie die Gruppe in Kleingruppen von drei bis vier Personen. Die einzelnen Schritte:
   - Die TN lesen zuerst einmal den Text auf S. 27/28 mit dem Ziel, dessen Grundgedanken zu erfassen.
   - Dann wird der Text ein zweites Mal, gegebenenfalls mehrere Male abschnittweise, nun sehr viel eingehender gelesen und dabei gleichzeitig auf das DIN A 4-Blatt in eine graphische Struktur umgesetzt:
   - Die TN tragen zuerst in die Mitte des Blattes das Thema ein. Das kann ein Kernbegriff („Deutschland") oder ein Bild oder eine Zeichnung sein.
   - Davon ausgehend werden nun Hauptäste mit Stichwörtern, die die Hauptgedanken kennzeichnen, in Druckschrift eingetragen. Von ihnen zweigen sich kleinere Nebenäste ab, die die Unterpunkte (wieder als Stichwörter) tragen. So entsteht Schritt für Schritt ein Abbild der thematischen Grundstruktur des Textes in seiner hierarchischen Gliederung.
   - Die Länge und Stärke der Hauptäste (Schlüsselbegriffe) und der Nebenäste (untergeordnete Aussagen) und die Größe und Strichstärke der darauf eingetragenen Stichwörter machen den Grad der Bedeutung der damit festgehaltenen Elemente des Textes deutlich. Die Verästelungen folgen einem hierarchischen Prinzip: vom Hauptgedanken zum Nebengedanken. Es entsteht so ein organisches Netzwerk.
   - Von den Nebenästen können wiederum kleinere Zweige abgehen, wenn im Text weitere Unterpunkte zu finden sind.
   - Als sprachliche Mittel sollten vor allem Nomen gewählt werden; zur näheren Erläuterung dieser können auch Adjektive und Verben verwendet werden.
   - Abschließend können die einzelnen Themenkomplexe (ein Hauptast und seine Zweige) farblich unterschiedlich markiert werden.
2. Zeichnen Sie ein Beispiel für „Mindmapping" zu einem kurz zuvor erarbeiteten Text anTafel oder Flipchart. (Vgl. dazu das Beispiel auf S. 25 zum Text S 27/28.) Lassen Sie zwischen den Hauptästen genug Platz für die Verzweigungen.
3. Verteilen Sie an jede Kleingruppe eine Textkopie und ein leeres DIN A 4-Blatt.

➤ **Hinweis:**

Diese Art von Texterschließung hat gegenüber herkömmlichen Arten den Vorteil, daß sie einerseits eine sehr intensive Auseinandersetzung mit dem Text erfordert und andererseits zugleich ein hirngerechtes, daher besser einprägsames Ergebnis dieser Auseinandersetzung mit dem Text hervorbringt.

Deutsche im Ausland – Fremde in Deutschland

Wir danken Regine Dilek, Dozentin der Volkshochschule Kreuzberg, für die auf S. 24 beschriebene Übung.

Beispiel für Mind map zum Text auf S. 27/28

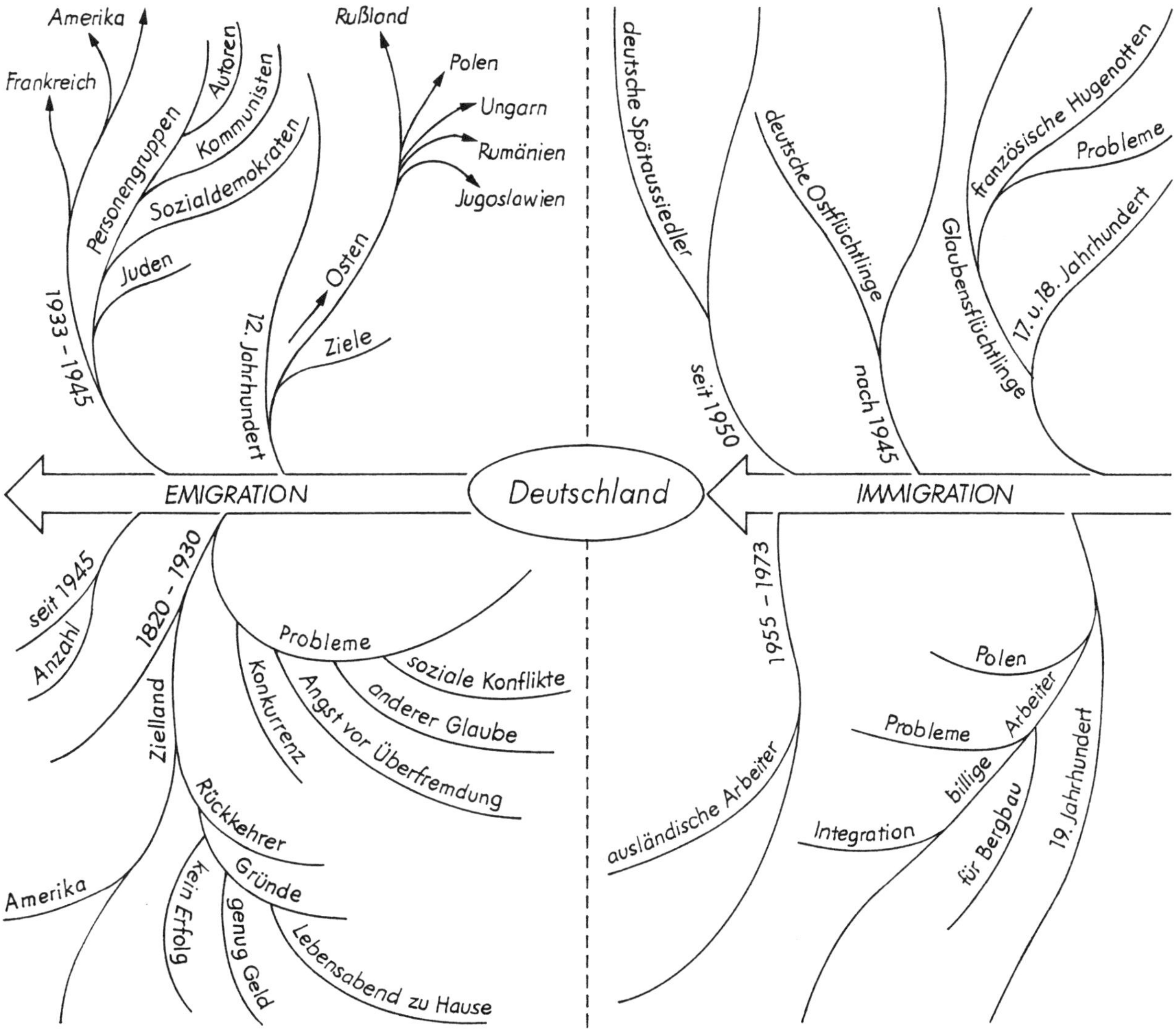

Literaturhinweis zum Mindmapping:
Tony Buzan, *Kopftraining. Anleitung zum kreativen Denken*, Goldmann-Verlag, München 1993.

Mind map: eine andere Form der Texterschließung

1. *Bilden Sie Gruppen mit drei bis vier Personen und arbeiten Sie zusammen.*
2. *Lesen Sie zuerst den Text „Deutsche im Ausland – Fremde in Deutschland" vollständig durch.*
3. *Lesen Sie dann den Text in einzelnen Abschnitten so oft, bis Sie die Inhalte verstehen.*
4. *Tragen Sie in die Mitte eines DIN A 4-Blattes das Thema des Textes ein, und markieren Sie dieses mit einem Kreis oder Kasten.*
5. *Malen Sie, von der Mitte ausgehend, Hauptäste, in die Sie die Schlüsselwörter des Textes eintragen.*
6. *Versehen Sie diese Hauptäste mit dünneren Nebenästen; schreiben Sie an diese Äste Unterpunkte, die Ihrer Meinung nach zu den Schlüsselwörtern gehören.*
7. *Wenn Sie zu den Stichwörtern auf den Nebenästen noch weitere untergeordnete Stichwörter anfügen möchten, malen Sie an diese Nebenäste noch kleinere Äste, an denen Sie Ihre gewünschten Wörter anbringen können.*
8. *Sie haben jetzt ein sogenanntes „Mind map" erstellt. Nehmen Sie abschließend Ihr „Mind map" zu Hilfe, um den Inhalt des Textabschnittes mündlich wiederzugeben, der Sie am meisten interessiert.*

Tip:

Verwenden Sie für Ihr „Mind map" keine Sätze, sondern beschränken Sie sich auf Nomen, Verben und Adjektive.

Beispiel für Mind map

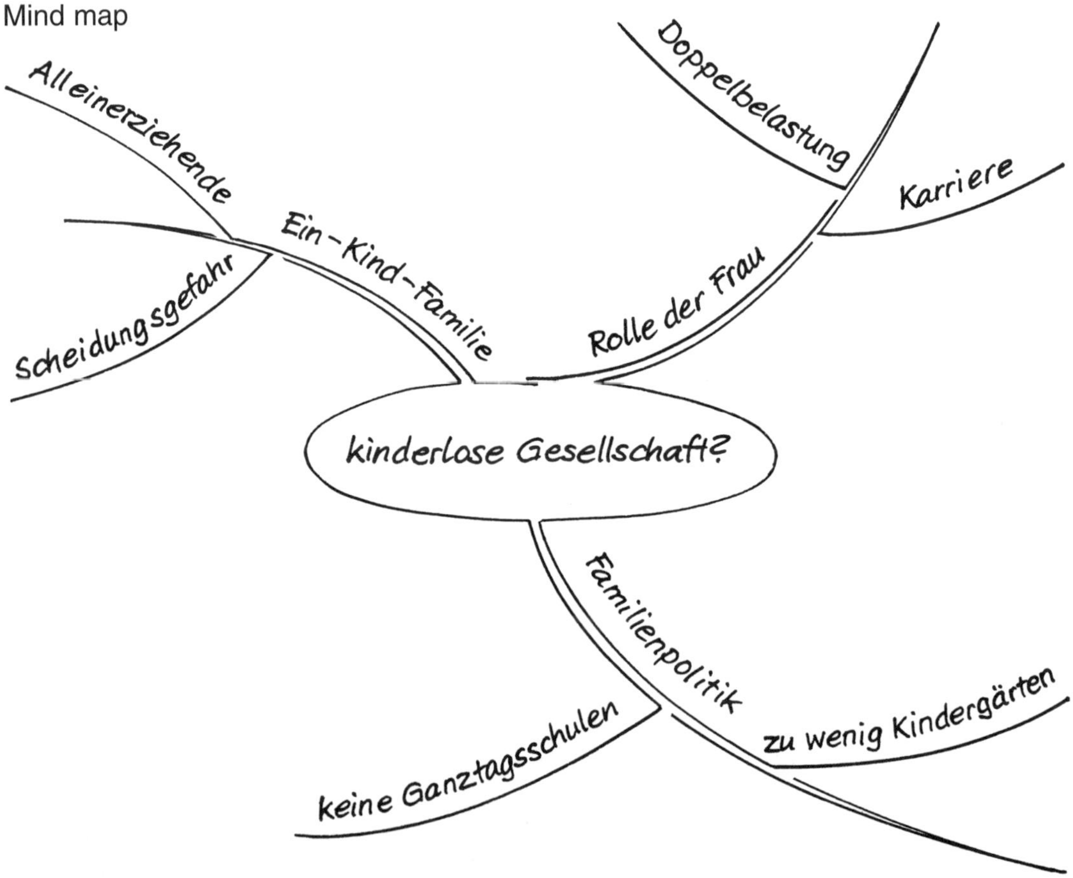

Deutsche wandern nach Osten

Im 12. Jahrhundert ziehen Deutsche nach Osten. Sie suchen dort bessere Lebensmöglichkeiten. Seit dieser Zeit gibt es deutsche Minderheiten in Rußland, Polen, Ungarn, Rumänien und im ehemaligen Jugoslawien.

19. Jahrhundert: Deutsche in Amerika

Zwischen 1820 und 1930 wandern 5,9 Millionen Deutsche in die Vereinigten Staaten aus, viele weitere nach Lateinamerika. Bis 1885 werden direkt in Deutschland Arbeitsverträge für die USA geschlossen.

Deutsche Einwanderer in Amerika

Mit den einheimischen „Amerikanern" gibt es Konflikte. Sie fürchten die Konkurrenz auf dem Arbeitsmarkt und haben Angst um ihre nationale Identität. Besonders mißtrauisch ist die überwiegend protestantische Bevölkerung gegenüber katholischen Immigranten. Deutsche Stadtviertel, Schulen, Kirchen werden kritisiert: die neuen Einwanderer wollen sich nicht integrieren, heißt es, und an sozialen Problemen sind sie oft auch schuld ... Um 1900 leben etwa acht Millionen Deutsch-Amerikaner in den USA: 10 % der Gesamtbevölkerung. Viele haben zunächst nur eine befristete Arbeitsauswanderung geplant, aber sie bleiben für immer. Hunderttausende kehren aber auch in ihre deutsche Heimat zurück. Sie haben in der „Neuen Welt" keinen Erfolg gehabt, sie haben genug Geld gespart, um zu Hause besser zu leben, oder sie möchten ihren Lebensabend in Deutschland verbringen.

Emigration aus dem nationalsozialistischen Deutschland

In der Hitlerzeit emigrieren 800.000 Deutsche, um ihr Leben zu retten: deutsche Juden und Jüdinnen, Mitglieder der kommunistischen und der sozialdemokratischen Partei, Schriftsteller und Schriftstellerinnen. Der spätere Bundeskanzler Willy Brandt ist nur ein Beispiel von vielen. Die meisten fliehen nach Übersee. Viele müssen monatelang in Frankreich auf ein Visum warten.

Jüdische Emigranten aus Deutschland warten in der amerikanischen Botschaft in Paris auf ihr Visum für die USA.

Bis heute: die Auswanderung geht weiter

Immer noch wandern Deutsche aus. Seit 1945 sind mehr als 600.000 Menschen aus Deutschland emigriert.

17. Jahrhundert: Flüchtlinge aus Frankreich

Als Folge von Reformation und Religionskriegen werden im 17. und 18. Jahrhundert viele Glaubensflüchtlinge, vor allem Hugenotten aus Frankreich, in den deutschen Staaten aufgenommen. Sie werden anfangs von vielen abgelehnt.

19. Jahrhundert: Arbeitskräfte aus Polen

Viele Polen werden als billige Arbeitskräfte für den Bergbau ins Ruhrgebiet geholt. Hier ist das Zentrum der deutschen Industrialisierung. Ihre deutschen Kumpel beschimpfen sie anfangs als „Lohndrücker" und „Polakken". Heute sind sie in Deutschland völlig integriert.

Nach 1945: deutsche Flüchtlinge aus dem Osten

Nach dem Ende des 2. Weltkrieges werden Deutsche aus der Tschechoslowakei, aus Polen, Ungarn, Rumänien und Jugoslawien vertrieben. Bis Ende der 50er Jahre kommen etwa 12 Millionen Menschen in die Bundesrepublik Deutschland, das sind 17 % der Bevölkerung. Diese Fremden werden bald zu Einheimischen.

Ausländische Arbeitnehmer und Arbeitnehmerinnen

Zwischen 1955 und 1973, in der Zeit des „Wirtschaftswunders", werden aus den Mittelmeerländern viele „Gastarbeiter" angeworben. Die Rotation ist hoch: insgesamt kommen vierzehn Millionen Arbeitskräfte, elf Millionen davon kehren in ihr Heimatland zurück. Nach der „Ölkrise" 1973 verändert sich die Situation: viele ausländische Arbeitskräfte bleiben auf Dauer hier und holen ihre Familien nach Deutschland.

Heute gibt es 7,3 Millionen ausländische Arbeitnehmer sowie Familienangehörige in Deutschland. Die größte Gruppe kommt aus der Türkei. Offiziell ist Deutschland kein Einwanderungsland, aber viele Ausländer und

Türkischer Lebensmittelhändler in Nürnberg

Ausländerinnen sind keine Fremden mehr in Deutschland. Sie haben nur keinen deutschen Paß.

Aussiedler und Aussiedlerinnen

Nach 1950 leben noch etwa vier Millionen Deutsche in Osteuropa. Auch nach dem Ende der Massenflucht kommen immer wieder Deutsche, z. B. aus Rumänien, in die Bundesrepublik. Man nennt sie Aussiedler. Mit den neuen Reisemöglichkeiten für die Bevölkerung der früher sozialistischen Länder steigen die Zahlen an. 1987 reisen ca. 80.000 Aussiedler in die Bundesrepublik ein, 1990 sind es knapp 400.000.
Viele suchen in Deutschland bessere wirtschaftliche Bedingungen. Andere fühlen sich im Osten als deutsche Minderheit unterdrückt.
Die Aussiedler müssen ihre deutsche Volkszugehörigkeit beweisen. Das ist oft problematisch. Viele sprechen die deutsche Sprache nicht gut oder gar nicht. In Deutschland haben sie zwar den Status „Deutsche", aber oft sind sie fremder als die ausländische Bevölkerung, die schon lange hier lebt.

Nach: Klaus Bode (ed.), *Deutsche im Ausland, Fremde in Deutschland. Migration in Geschichte und Gegenwart,* München 1992.

Abbildungen Seite 27 links: teuto press/Bilderdienst Süddeutscher Verlag; Seite 27 rechts: Bilderdienst Süddeutscher Verlag; Seite 28: Foto Horst Schäfer/ Bilderdienst Süddeutscher Verlag

Stationen deutscher Geschichte

Thema: Stationen der deutschen Geschichte von 1945 bis 1990
Zielgruppe: TN ab Mittelstufe
Ziel: Geschichtliche Informationen aufnehmen und weitergeben
Aktivität: Einzelaktivität, Gruppenarbeit, Gesamtgruppe

➤ **Material/Vorbereitung:**
Eine Kopie von S. 30; fertigen Sie davon eine vergrößerte Kopie an und schneiden Sie die Kästchen aus; ein großes Stück Packpapier, Stifte, Klebeband, DIN A 4-Blätter.

➤ **Verfahren:**

1. Erklären Sie den TN, daß sie je ein Kästchen mit einer kurzen Information zum oben genannten Thema erhalten werden. Mischen Sie die Kärtchen und lassen Sie die TN je ein Kärtchen ziehen. Falls keine 20 TN anwesend sind, nehmen Sie die entsprechende Anzahl derjenigen Kärtchen heraus, deren Inhalt Ihnen weniger wichtig für die Übung erscheint. Bei einer Mindestteilnehmerzahl von zwölf, die Sie für die Übung haben sollten, schlagen wir folgende Kartennummern zur Verteilung vor: 1, 3, 4, 8, 9, 10, 12, 13, 14, 18, 19, 20.
2. Bitten Sie die TN, die Information auf ihrem Kärtchen zu lesen und zu lernen, so daß sie in der Lage sind, diese anschließend sinngemäß an die anderen TN mündlich weiterzugeben. Geben Sie den TN genügend Zeit zum Verstehen ihrer Information und helfen Sie bei Verstehensschwierigkeiten.
3. Bitten Sie die TN, ihre Kärtchen an die Seite zu legen. Die TN gehen nun im Raum umher (schaffen Sie gegebenenfalls vorher genügend Platz, indem Sie Stühle und Tische an die Seite stellen) und geben die Information auf ihrem Kärtchen an die TN der Gesamtgruppe weiter. DieTN, die die Mitteilung erhalten haben, geben ihrerseits die eigene Information an die anderen TN weiter.
4. Nachdem die TN alle Informationen ausgetauscht haben, nehmen sie wieder ihre Plätze ein und notieren in Dreiergruppen auf einem Blatt Papier alle Informationen, an die sie sich erinnern können.
5. Wenn das Erinnerungsvermögen der TN erschöpft ist, befestigen Sie das große Packpapier an der Wand, so daß es für alle sichtbar hängt. Malen Sie auf das Papier drei waagerechte Striche, die Ihnen anschließend als Raster dienen; lassen Sie zwischen den Strichen genügend Platz für Eintragungen. Benutzen Sie das erste Raster für Eintragungen zum Thema DDR, das zweite zum Thema Beziehungen, das dritte zum Thema BRD.
6. Bitten Sie nun die TN, Ihnen die Informationen, die sie notiert haben, in Sätzen oder in Stichpunkten zuzurufen. Tragen Sie die erhaltenen Informationen in die entsprechenden Raster ein und bitten Sie die TN, Ihnen bei der Einhaltung einer chronologischen Reihenfolge zu helfen. Tragen Sie alle Informationen, die Sie von den TN erhalten, ein.
7. Nach Fertigstellung des Rasters bitten Sie die TN, drei Gruppen zu bilden: eine Gruppe zum Thema DDR, die zweite Gruppe zum Thema Beziehungen und die dritte Gruppe zum Thema BRD. Die TN begeben sich jeweils zu der Gruppe, zu der ihre Information auf ihrem Kärtchen gehört.
8. Verteilen Sie das Arbeitsblatt „Stationen der deutschen Geschichte" an alle TN. Bitten Sie die TN, den entsprechenden Textausschnitt zu ihrer Kurzinformation auf dem Kärtchen zu suchen und gemeinsam mit den anderen Gruppenmitgliedern zu lesen. Die Gruppe entscheidet zusammen, welche Informationen aus den Textabschnitten sie so wichtig findet, daß sie diese den anderen Gruppen mitteilen möchte. In Stichpunkten können die TN diese Informationen auf ein DIN A 4-Blatt schreiben.
9. Zum Schluß hängen die einzelnen Gruppen im Plenum ihre jeweiligen Blätter an die entsprechenden Stellen auf dem Packpapier und geben zu den Stichpunkten genauere Informationen.

Stationen deutscher Geschichte

➤ **Variante:**

Die Übung eignet sich vorzüglich als Vorentlastung oder als Nachbereitung eines jeglichen anderen Informationstextes, auch für TN der Grundstufe. Verfahren Sie bis einschließlich Punkt 4 wie beschrieben. Sie können die Übung abschließen, indem Sie alle von den TN zugerufenen Informationen an die Tafel oder auf ein großes Stück Papier an beliebiger Stelle aufschreiben. Diese Stichpunkte dienen den TN bei der anschließenden Bearbeitung des dazugehörenden Textes als Lernhilfen. Beachten Sie, daß die Informationen in den Kästchen kurz und gut verständlich sind.

➤ **Einbettung:**

Diese Übung kann eingesetzt werden - das Interesse der TN vorausgesetzt - 1. als Vorbereitung oder Nachbereitung eines aktuellen Textes zum Thema des noch bestehenden deutschen Ost-West-Konflikts, 2. als Vor- oder Nachbereitung eines Geschichtstextes zum oben genannten Thema in Ihrem Lehrbuch, 3. als Themenangebot für die TN: Lassen Sie sich von den TN eine Rückmeldung geben, welches geschichtliche Ereignis aus dem vorliegenden Text sie gerne vertiefen möchten.

↓ **KÄRTCHEN ZUM AUSSCHNEIDEN**

1. Deutschland wurde nach dem zweiten Weltkrieg in vier Zonen aufgeteilt.	**11. Von 1949 bis 1961 flüchteten etwa 2,5 Millionen Menschen aus der DDR in den Westen.**
2. 1948 begann das europäische Wiederaufbauprogramm.	**12. Am 13. August 1961 baute die DDR eine Mauer entlang ihrer Westgrenze.**
3. 1949 entstand aus den westlichen Zonen die Bundesrepublik.	**13. 1969 begann die Entspannungspolitik.**
4. Aus der sowjetischen Zone entstand die Deutsche Demokratische Republik.	**14. 1972 schlossen die DDR und die BRD einen wichtigen Vertrag ab.**
5. Die Bundesrepublik hatte die „Soziale Marktwirtschaft“ als neue Marktordnung.	**15. Mit dem Grundlagenvertrag von 1972 wurde die DDR von der BRD als Staat anerkannt.**
6. Die Deutsche Demokratische Republik hatte die Planwirtschaft als Wirtschaftsmodell.	**16. Nach Ende des „kalten Krieges“ konnten sich die Menschen aus der BRD und der DDR leichter besuchen.**
7. Bundeskanzler Adenauer lehnte den Vorschlag Stalins zur Wiedervereinigung ab.	**17. In der DDR und der BRD gab es Friedensbewegungen in den 80er Jahren.**
8. Die Bundesrepublik wurde zehn Jahre nach Kriegsende Mitglied der NATO.	**18. Im November 1989 fiel die Mauer zwischen der BRD und der DDR.**
9. Die Deutsche Demokratische Republik gehörte zum Warschauer Pakt.	**19. Seit Oktober 1990 gibt es nur noch einen deutschen Staat, die Bundesrepublik.**
10. Zwanzig Jahre lang herrschte „kalter Krieg“ zwischen der DDR und der BRD.	**20. Die neue Bundesrepublik hat sechzehn Bundesländer.**

Stationen der deutschen Geschichte von 1945 bis 1990

1. *Suchen Sie gemeinsam die Textabschnitte heraus, die zum Inhalt Ihrer Kärtchen gehören.*
2. *Lesen Sie die Textabschnitte und klären Sie die Wörter.*
3. *Entscheiden Sie, welche Informationen wichtig sind, und schreiben Sie diese in Stichworten auf ein Blatt.*
4. *Bereiten Sie sich darauf vor, diese Information an die anderen Gruppen weiterzugeben,*

1. Die deutsche Wehrmacht kapituliert bedingungslos in Reims und Berlin. Deutschland wird gemäß des Potsdamer Abkommens in vier Besatzungszonen eingeteilt. Oberstes Regierungsorgan ist der *Alliierte Kontrollrat* in Berlin, dem die englischen, amerikanischen, französischen und sowjetischen Besatzungsmächte angehören. Die Sowjetunion verläßt im März 1948 den Alliierten Kontrollrat, der damit nicht mehr arbeiten kann. In den einzelnen Besatzungszonen werden Länder als handlungsfähige Staatseinheiten gebildet und deutsche Regierungen eingesetzt.
2. Drei Jahre nach Kriegsende begann das westeuropäische Wiederaufbauprogramm, in das auch Deutschland (West) eingeschlossen war. Mit Hilfe dieses sogenannten „Marshall-Planes" und durch die Gründung der *EEC (Organisation für europäische wirtschaftliche Zusammenararbeit)* wurde die Voraussetzung für eine wirtschaftliche Zusammenarbeit der westeuropäischen Staaten geschaffen.
3. Im Frühjahr 1948 beschlossen die Westmächte gegen den Widerstand der Sowjetunion, ein Provisorium für Westdeutschland zu schaffen: Die Ministerpräsidenten der elf deutschen Länder wurden beauftragt, eine Verfassung mit föderativer Regierungsform auszuarbeiten. Die Verfassung (das *Grundgesetz = GG*) für die Bundesrepublik trat im Mai 1949 in Kraft; somit war die *Bundesrepublik Deutschland* (die BRD) auf der Grundlage der freiheitlichen Demokratie gegründet. Im August 1949 wurde der *erste Bundestag* (das Parlament) gewählt. Der erste Bundeskanzler der BRD hieß Konrad Adenauer, der erste Bundespräsident war Theodor Heuss. Der neue Staat hatte aber noch keinen Außenminister, denn er stand noch unter Besatzungsstatut.
4. In der sowjetischen Zone vollzog sich zur gleichen Zeit die Bildung eines Separatstaates. Auch hier wurde eine Verfassung ausgearbeitet. Der Volksrat, der im Oktober 1949 die *Deutsche Demokratische Republik* (DDR) verkündete, war in einer Wahl mit gefälschter Stimmenauszählung gewählt worden. Laut Verfassung bekam das Volk die Macht. Aber die eigentliche Macht lag bei der *Sozialistischen Einheitspartei* (SED), deren Spitze das Politbüro des Zentralkomitees der SED darstellte. Die SED kontrollierte bis November 1989 Staat und Gesellschaft und lenkte die staatlich geplante Wirtschaft. Der erste Parteichef, der schrittweise alle Schlüsselpositionen in Partei und Staat besetzte, hieß Walter Ulbricht.
   Es gab nun anstelle *eines* Deutschlands *zwei* deutsche Staaten mit gegensätzlichen politischen Ordnungen.
5. In der BRD wurde als Wirtschaftsordnung die „Soziale Marktwirtschaft" festgelegt. Der Wirtschaftsprozeß wird von der Privatinitiative der Konsumenten und Produzenten getragen. Der Staat hat die soziale Verantwortung und kontrolliert die Wettbewerbsbedingungen.
6. Die Wirtschaftsordnung der DDR wurde auf den Grundsätzen der staatlichen Wirtschaftsplanung und der Verstaatlichung der Privatbetriebe aufgebaut. Die staatliche Planungskommission kontrollierte alle Wirtschaftszweige.

7. Der Ausbruch des Koreakrieges, in den die USA verwickelt waren, gab den entscheidenden Anstoß zu Debatten um eine Wiederbewaffnung der BRD. In diesen innerdeutschen und europäischen Streit um die Wiedervereinigung schaltete sich die UdSSR ein. Sie schlug den Westmächten einen Friedensvertrag mit einer gesamtdeutschen Regierung, freien Wahlen und dem Abzug aller Besatzungsstreitkräfte vor. Der Westen und Adenauer mißtrauten jedoch diesem Vorschlag und lehnten das Angebot ab.
8. Im Jahre 1954 wurden die Pariser Verträge über den NATO-Beitritt (NATO = Nordatlantikpakt zur gegenseitigen kollektiven Verteidigung) der Bundesrepublik unterzeichnet und die deutsche Wiederbewaffnung beschlossen. Die BRD erhielt damit die (fast) volle Souveränität. Die Westmächte erklärten die Bundesrepublik als einzig rechtmäßigen deutschen Staat, dessen wesentliches Ziel die Wiedervereinigung von Ost- und Westdeutschland sei.
9. Im Mai 1955 wurde unter den Staaten des Ostblocks ein Freundschafts- und Beistandsvertrag abgeschlossen. Dieser sogenannte „Warschauer Pakt“ war auch die Rechtsgrundlage für die Stationierung von Sowjettruppen in diesen Staaten. Durch die Aufnahme der DDR in den Warschauer Pakt und durch die Mitgliedschaft der DDR im Rat für gegenseitige Wirtschaftshilfe (Comecon) war die DDR politisch und wirtschaftlich dem Ostblocksystem angeschlossen. Formell bestätigte die UdSSR der DDR ihre Souveränität, insbesondere in den inneren und äußeren Angelegenheiten.
10. Die Beziehungen zwischen den westlichen Staaten und dem Ostblock beziehungsweise zwischen der BRD und der DDR waren nicht gut. Es gab keine diplomatischen Beziehungen, und man sprach vom „eisernen Vorhang“ und vom „kalten Krieg“. Als Zeit des „kalten Kriegs“ bezeichnet man insbesondere die Jahre zwischen 1952 und 1969, in denen die DDR und die BRD zwar keine militärischen Mittel gegeneinander einsetzten, in denen sie sich aber vor allem durch das Wettrüsten auf beiden Seiten gegenseitig bedrohten. Aufgrund handelspolitischer Interessen sollte aber eine Normalisierung der Beziehungen durch den Ausbau der Wirtschaftsbeziehungen erreicht werden.
11. Unter dem politischen und wirtschaftlichen Druck flüchteten zwischen 1949 und 1961 über zwei Millionen Menschen aus der DDR. Die gesamte Abwanderung von 1945 bis 1961 aus der DDR betrug 3,5 Millionen. Insbesondere die Flucht von Fachkräften und Wissenschaftlern traf die DDR-Ökonomie beträchtlich.
12. Am 13. August 1961 wird der Ostsektor Berlins in einer nächtlichen Überraschungsaktion durch Volkspolizeieinheiten mit Stacheldraht von den drei Westsektoren Berlins abgetrennt. Diese Grenze aus Stacheldraht wurde anschließend durch ganz Deutschland gezogen. Die DDR-Wachposten hatten Schießbefehl. Der große Flüchtlingsstrom von Ost nach West endete; es gab nur noch einzelne Fluchtversuche, bei denen bis 1989 Hunderte von Menschen erschossen wurden.
13. Nach den Bundestagswahlen 1969 wurde Willy Brandt Bundeskanzler. Eine der spektakulärsten Regierungstaten des Kabinetts Brandt war die sogenannte Ostpolitik. Schon im Dezember wurden umfangreiche Verträge mit der DDR und mit Polen unterzeichnet. Sie regelten unter anderem Ein- und Ausreise, Handelsbeziehungen und den Austausch von Diplomaten.
14. Im März 1970 trafen sich erstmals die Regierungschefs der BRD und der DDR mit dem Ziel einer besseren Verständigung. Es folgten Gespräche und Verhandlungen, bis es 1972 zum deutsch-deutschen Grundlagenvertrag zur Normalisierung der Beziehungen zwischen den beiden Ländern kam.

15. In dem Vertrag schrieben die Partner den Verzicht auf Anwendung von Gewalt fest, ebenso die Unverletzlichkeit der deutsch-deutschen Grenze sowie die Respektierung der Unabhängigkeit und Selbständigkeit beider Staaten.
16. Der Grundlagenvertrag und weitere spätere Verträge regelten auch den Reiseverkehr zwischen der DDR und der BRD, für den Paß- und Visumpflicht galt. Deutsche aus der BRD konnten mehrmals jährlich auf Einladung in die DDR reisen, die DDR-Bürger konnten in dringenden familiären Angelegenheiten in die BRD reisen. In den 80er Jahren gab es jedoch trotz der Vereinbarungen immer wieder Rückschläge. Bekannte Pesönlichkeiten, insbesondere aus dem Kulturleben, wurden aus der DDR ausgewiesen; die geplante Zusammenarbeit ging nur langsam voran.
17. Insgesamt verschlechterte sich das Klima in den Ost-West-Beziehungen am Anfang der 80er Jahre durch den Einmarsch der sowjetischen Truppen in Afghanistan und durch die Verhängung des Kriegsrechts in Polen. Die Aufstellung neuer Mittelstreckenraketen in der DDR und die Billigung der Stationierung von Mittelstreckenraketen im Westen durch den Bundestag 1983 führte zum Anwachsen von Protesten und Friedensbewegungen in beiden Teilen Deutschlands. Eine Entspannung folgte 1986, als Michael Gorbatschow, Generalsekretär der sowjetischen KPdSU, die Beseitigung der Kernwaffen bis zur Jahrhundertwende zur wichtigsten politischen Aufgabe erklärte. Es folgten gemeinsame Konferenzen über Abrüstung und Reduzierung der konventionellen Streitkräfte.
18. Trotz erheblicher Anstrengungen der Menschen in der DDR blieben der Lebensstandard und die Qualität der Produktion beträchtlich unter dem westlichen Standard. Der Widerspruch zwischen dem staatlich propagierten Anspruch und dem „real existierenden Sozialismus“ sowie die mangelnde Freiheit waren ständig Quellen der Unzufriedenheit der Menschen in der DDR. Dennoch weigerte sich die DDR-Führung in den 80er Jahren, politische und wirtschaftliche Reformen nach sowjetischem Vorbild einzuführen. Im Herbst 1989 gingen Millionen von DDR-Bürgern mit ihren Forderungen nach mehr Freiheit auf die Straße. Nachdem im September Ungarn seine Grenzen für ausreisewillige Bürger der DDR öffnete, gab es eine erneute Fluchtwelle. Am Abend des 9. November 1989 wurde die Mauer unter dem Druck der Massenproteste geöffnet. Die SED verlor in der Folge dieser Ereignisse ihre Macht.
19. Im März des Jahres 1990 wurden in der DDR nach vierzig Jahren zum ersten Mal freie Wahlen durchgeführt. Im August desselben Jahres sprach sich die Volkskammer der DDR für einen schnellstmöglichen Beitritt der DDR zur BRD aus. Gleichzeitig wurde die „D-Mark“ in der DDR gültiges Zahlungsmittel, die BRD und die DDR verschmolzen so zu einem einheitlichen Währungsgebiet. Am 3. Oktober 1990 erfolgte die Vereinigung der beiden deutschen Staaten zur neuen Bundesrepublik. Berlin wurde zur Hauptstadt bestimmt.
20. Mit der Ratifizierung des Einigungsvertrages trat die *Verfassung*, das *Grundgesetz* der alten BRD, auch für das Beitrittsgebiet, die alte DDR, in Kraft. Die sechs alten Länder der DDR kamen zur „alten“ Bundesrepublik dazu, so daß die neue BRD aus 16 Bundesländern besteht. Seit der Wiedervereinigung besitzt die BRD die volle Souveränität in inneren und äußeren Angelegenheiten.

Literatur: *Tatsachen über Deutschland,* Bertelsmann Verlag, Gütersloh (kostenloser Bezug über Bundeszentrale für politische Bildung)

Spione unter uns

Thema:	Tatsachen aus dem deutschen Alltagsleben
Zielgruppe:	TN ab Grundstufe II
Ziel:	Im Zielland: Austausch von Beobachtungen, Erfahrungen und Vorwissen Im Ausland: Spekulieren über das deutsche Alltagsleben, Austausch von Alltagswissen über Deutschland; eigenständige Verarbeitung landeskundlicher Informationen für eventuelle Vorbereitung auf einen Deutschlandaufenthalt
Aktivität:	Ratespiel, Kleingruppenarbeit, Plenumsdiskussion

➤ **Material/Vorbereitung:**

Ein Arbeitsblatt pro TN und jeweils die beiden Lösungsblätter pro Kleingruppe.

➤ **Verfahren:**

Betten Sie diese Übung situativ ein, indem Sie die Situation, die oben auf dem folgenden Arbeitsblatt kurz geschildert ist, ausschmükken und Sie selbst die Rolle einer Führungsperson im MAD übernehmen, die ihren TN (die hier die Rolle von Agenten im Innendienst spielen) die Beobachtungsergebnisse der Agenten im Außendienst verteilt.

1. Lassen Sie Kleingruppen bilden und verteilen Sie ein Arbeitsblatt pro Kleingruppe, das die TN lesen. Sie können die Kleingruppen auch nach einem Losverfahren auswählen, damit z.B. die „Objektivität“ der Ergebnisse optimiert werden kann.
   Beispiel: Um z.B. vier Gruppen zu bilden, verteilen Sie Zettel oder Kärtchen, die jeweils mit einer Ziffer beschriftet sind (ein Kärtchen pro TN). Alle TN, die eine „Eins“ gezogen haben, bilden eine Gruppe; alle, die eine „Zwei“ gezogen haben, bilden eine Gruppe etc.
2. Die TN diskutieren, einigen sich jeweils auf die Verdächtigen und teilen die Namen der Gesamtgruppe (Versammlung der Agenten im Innendienst) und ihres „Vorgesetzten“ mit. An dieser Stelle ist es wichtig, daß Sie selbst sich aus der Diskussion heraushalten.
3. Verteilen Sie jetzt ein Lösungsblatt pro Kleingruppe. Anhand des Lösungsblattes werden die Ergebnisse bestätigt oder widerlegt. (Sie können die Situation so auflösen, daß Sie die ganze Übung als verdeckte Testübung des Geheimdienstes für die Eignungsfeststellung seiner Agenten enttarnen.)
4. Lösung: Potentielle Spione könnten sein: Herr Schneider (wegen Nummer 4), Frau Meier (wegen Nummer 4), Herr Müller (wegen Nummer 6).

➤ **Einbettung:**

Die TN können im Anschluß daran selbst in Kleingruppen oder Partnerarbeit ähnliche Aufgaben wie hier im Arbeitsblatt erstellen (z.B. für eine nächste Agentengruppe, die eine Eignungsfeststellung durchläuft).

➤ **Hinweis:**

Klären Sie mit den TN vorher folgende Punkte: Einige Verhaltensweisen der beobachteten Personen entsprechen durchaus dem in Deutschland üblichen Verhalten, einige der Verhaltensweisen sind nicht eindeutig als üblich oder ungewöhnlich zu bewerten, da es sich um rein persönlich bedingtes Verhalten handelt, das auch als solches akzeptiert und deshalb nicht als „ungewöhnlich“, „abweichend“ zu interpretieren ist. Einige Verhaltensweisen schließlich sind aufgrund von Unkenntnis alltäglicher Gegebenheiten oder Gepflogenheiten unüblich. Zur Erheiterung und eventuellen späteren Diskussion haben wir ein paar gängige Klischees mit eingefügt.

Spione unter uns

Der MAD (Militärischer Abschirmdienst Deutschland) verdächtigt vier Leute der Spionage: Herrn Schneider, Frau Meier, Frau Lehmann, Herrn Müller. Alle vier leben in Deutschland und geben vor, Deutsche zu sein, und sie scheinen einer geregelten Arbeit nachzugehen. Der MAD ist mißtrauisch und trägt seinen Agenten der Spionageabwehr auf, diese vier Leute in ihrem Alltagsleben zu beobachten, um herauszufinden, ob sie sich außergewöhnlich verhalten. Hier sind Auszüge aus den Beobachtungen der Agenten. Urteilen Sie selbst.

● Die entscheidenden Auszüge des Beobachtungsberichts über **Herrn Schneider:**

1. Herr Schneider läßt sich zum Bahnhof fahren und versucht, mit Reiseschecks zu bezahlen.
2. Wenn er irgendwo eingeladen ist, bringt er der Gastgeberin immer Blumen mit.
3. Sonntags nach dem Mittagessen mäht er mit dem elektrischen Rasenmäher den Rasen im Garten.
4. Er fragt im Rathaus im ersten Stock nach dem Ausgang.
5. Er trinkt regelmäßig Wasser zum Essen.
6. Er meldet sich am Telefon immer mit „Ja bitte?“

Spion: ja ☐ nein ☐

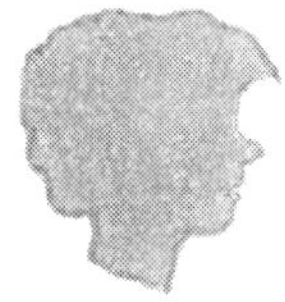

● Die entscheidenden Auszüge des Beobachtungsberichts über **Frau Meier:**

1. Wenn Frau Meier in ihrem Haus Putzdienst hat, wischt sie den Hausflur und fegt den Bürgersteig.
2. Sie geht am Samstag nachmittag gegen 17^{00} Uhr zum Supermarkt einkaufen.
3. Auf einem Kurzurlaub sucht sie eine preiswerte Unterkunft und steigt in einer Pension ab.
4. In einer Drogerie reicht sie ein Rezept von ihrem Arzt ein.
5. Am Montag, dem 13. Juni, steht sie vor dem Eingang des Historischen Museums.
6. Beim Abendessen im Gastraum wünscht sie ihrem Nachbarn „Großen Appetit!“

Spionin: ja ☐ nein ☐

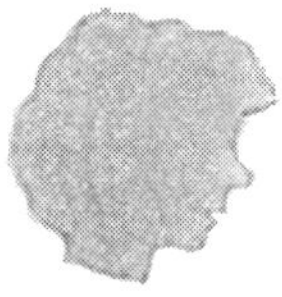

● Die entscheidenden Auszüge des Beobachtundsberichts über **Frau Lehmann:**

1. Frau Lehmann sitzt mit Vorliebe in Cafés und behält dabei immer ihren Hut auf.
2. Wenn sie jemanden zur Mittagszeit in der Firma trifft, sagt sie „Mahlzeit“.
3. Manchmal bezahlt sie ihre Rechnungen in der Bank mit „Überweisungen“.
4. Am 1. Mai ist sie umgezogen. Am 7. meldet sie sich im Polizeirevier um.
5. Vor Benutzung einer U-Bahn oder eines Busses kauft sie nie eine Fahrkarte.
6. Beim Schuhkauf gibt sie die Größe 39 $^1/_2$ an.

Spionin: ja ☐ nein ☐

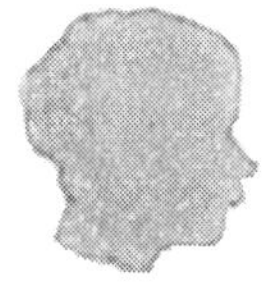

● Die entscheidenden Auszüge des Beobachtungsberichts über **Herrn Müller:**

1. Herr Müller sagt immer „Gesundheit“, wenn jemand niest.
2. Etwa einmal im Monat geht er zur Post, um Geld abzuheben.
3. Er geht nie bei Rot über die Straße.
4. In einem fremden Wirtshaus setzt er sich an einen Tisch, auf dem „Stammtisch“ steht.
5. Am Montag, dem 5. April, geht er zum Friseurladen „Schnelle Schere“.
6. Am 8. Juni läßt er im Café „Burkhardt“ ein Formular „Arbeitserlaubnis“ liegen.

Spion: ja ☐ nein ☐

Tatsachen über Deutschland

Öffnungszeiten

In der Regel gelten folgende Öffnungszeiten

Lebensmittelgeschäfte:

Mo – Fr:	9 – 18 oder 18.30 Uhr
Sa:	9 – 13 oder 14.00 Uhr
So:	geschlossen

Bäckereien/Konditoreien:

Mo – Fr:	7 – 18 oder 18.30 Uhr
Sa:	7 – 13 oder 14.00 Uhr
So:	begrenzt geöffnet

Andere Läden haben ähnliche Öffnungszeiten wie die Lebensmittelgeschäfte. Kaufhäuser und einige andere Geschäfte öffnen meist um 9, manche erst um 10 Uhr.

Kaufhäuser und größere Läden haben wochentags abends bis 20.00 Uhr und samstags bis 16.00 Uhr geöffnet.

Die meisten Friseursalons und Museen sind montags geschlossen.

Drogerien und Apotheken

In einer Drogerie kann man Kosmetikartikel, Reinigungsmittel und ähnliches kaufen, jedoch keine verschreibungspflichtigen Medikamente. Die erhält man nur in der Apotheke.

Zur Bezeichnung von Stockwerken

Das Geschoß zu ebener Erde wird als Parterre oder Erdgeschoß bezeichnet. Es folgt der 1. Stock/die 1. Etage etc. Eingang und Ausgang befinden sich von daher normalerweise nie im 1. Stock, sondern stets im Erdgeschoß.

Zahlungsverkehr

Barzahlung ist immer noch die am weitesten verbreitete Zahlungsform. Geschäfte, die Euroschecks und Kreditkarten annehmen, haben ein entsprechendes Zeichen im Fenster oder an der Kasse. Reiseschecks spielen eine sehr geringe Rolle, sie sollten deshalb auf der Bank in Bargeld umgetauscht werden. Taxifahrer nehmen normalerweise nur Bargeld, jetzt zunehmend auch Euroschecks. Dies sollte man aber vor Fahrtantritt abklären. Größere Rechnungen werden häufig nicht bar bezahlt, sondern per „Überweisung", d.h., die Bank überweist nach einer entsprechenden Auftragserteilung das Geld von dem privaten Girokonto auf das Konto des Rechnungsausstellers, oder dieser zieht einen Geldbetrag vom Konto ein (Einzugsermächtigung). Viele haben ihr privates Girokonto nicht bei der Bank, sondern bei der Post.

Öffentlicher Nahverkehr

Viele Benutzer von öffentlichen Verkehrsmitteln kaufen ihre Fahrkarten nicht unmittelbar vor Fahrtantritt, sondern im voraus in Form von Sammelfahrscheinen, Wochen-, Monats- oder Jahreskarten, da Einzelfahrscheine erheblich teurer sind. In manchen Städten gibt es Zeitkarten auch im Abonnement, die per „Einzugsermächtigung" oder Dauerauftrag bezahlt und den Kunden von den Verkehrsbetrieben zugesandt werden.

Reisen/Unterkunft

Man unterscheidet zwischen Hotels verschiedener Preisklassen, Pensionen, die meist preiswerter als Hotels sind, und Zimmern mit Frühstück, der preiswertesten Variante. Adressen sind im öffentlichen Fremdenverkehrsamt erhältlich, wo jeder Vermieter registriert sein muß. Zimmer mit Frühstück werden meist durch ein entsprechendes Schild am Haus „Zimmer frei" oder „Zimmer zu vermieten" gekennzeichnet.

Spione unter uns

- **Verbote/Gebote: geschriebene und ungeschriebene Gesetze**

1. 

Meldepflicht: Nach dem deutschen Meldegesetz ist jeder verpflichtet, sich nach einem Umzug innerhalb von sieben Tagen auf der zuständigen Meldestelle der Polizei persönlich umzumelden.

2. 

Arbeitserlaubnis: Ausländer benötigen eine Arbeitserlaubnis.

3. 

Verbote: Mancher beharrt darauf, daß Gebote stets strikt eingehalten werden, z.B. daß man bei Rot, auch wenn kein Auto in Sicht ist, nicht über die Straße gehen darf.

4. 

Ruhestörung: Es ist meist verboten, in der Mittagsruhe, besonders am Sonntag, den Rasen zu mähen. Lärmverursachende Tätigkeiten sind normalerweise von 7 oder 8 Uhr bis 13 Uhr und von 15 bis 20 oder 22 Uhr zulässig. Der Sonntag gilt generell als Ruhetag.

5. Putz „verordnung" in Wohnhäusern:

Wenn kein Hauswart oder bezahltes Reinigungspersonal den wöchentlichen Putzdienst übernimmt, wird dieser auf die Mieter/Eigentümer reihum verteilt. Gereinigt werden alle gemeinsam genutzten Flächen wie Treppenhaus, Keller, Dachboden, Hof und anteilig der Bürgersteig. Dazu wird ein Putzplan erstellt, der meist recht genau eingehalten wird.

6. 

Stammtische: Ein ungeschriebenes Gesetz ist es, sich in einem Lokal nicht an einen als Stammtisch gekennzeichneten Tisch zu setzen, da dieser für regelmäßige Gäste (Skatspieler z.B.) reserviert ist.

7. 

Höflichkeitsfloskeln: Wenn man sich zu Tisch begibt, kann man „Guten Appetit" sagen, bevor man mit dem Essen beginnt. Trifft man jemanden zur Mittagszeit, z.B. auf dem Weg zur Kantine, kann man „Mahlzeit" und wenn jemand niest, „Gesundheit" sagen. Keine dieser Floskeln ist ein Muß.

8. 

Wie meldet man sich am Telefon? Es gibt keine Regeln: „Hallo", der Vorname, „Ja bitte!"; die meisten sagen ihren Familiennamen. Nicht üblich: die eigene Telefonnummer sagen.

9. 

Eßgewohnheiten: In Restaurants mit deutscher Küche ist es meistens nicht üblich, Brot zum Essen zu reichen. Wenn Sie einen Brotkorb vorfinden, wird das Verzehrte meist in Rechnung gestellt. Auch Leitungswasser wird in Deutschland nur selten zum Essen getrunken und deshalb in Restaurants auch nicht ohne Aufforderung angeboten.

10. 

Bekleidung: Kopfbedeckungen: Manche Frauen behalten ihren Hut auch in Cafés auf, da er als Schmuck gilt. Männer nehmen in Räumen ihren Hut ab, zum Gruß wird der Hut kurz „angehoben".
Größen: Schuhgrößen sind in Deutschland z. B. 38, 39 usw. Zwischengrößen existieren auch: 38½, 39½ …

11. 

Gastgeschenke: Wenn man zum Essen oder zu einem anderen Anlaß eingeladen wird, ist es üblich, den Gastgebern eine kleine Aufmerksamkeit mitzubringen, z.B. in der Form von einem Buch oder Blumenstrauß. Handelt es sich um eine formlose Einladung unter Freunden oder jungen Leuten, kann man fragen, ob man etwas mitbringen soll, z.B. eine Flasche Wein oder ähnliches.

❖

Wertvolle Zeit

Thema: Ungeduld und Pünktlichkeit
Zielgruppe: TN ab Grundstufe III
Ziel: Sensibilisierung für kulturell unterschiedliche Bewertungen von Zeit und Pünktlichkeit
Aktivität: Arbeit in Kleingruppen und Diskussion im Plenum

➤ Material/Vorbereitung:

Ein Arbeitsblatt pro TN.

➤ Verfahren:

1. Bitten Sie Ihre TN, sich zu dritt zusammenzufinden und die folgenden Arbeitsblätter gemeinsam auszufüllen. Diskussionen sind erwünscht.
2. Werten Sie die Übung im Plenum auf der Grundlage folgender Fragen aus:
   - Welchen Stellenwert hat Zeit? Im Herkunftsland, im Zielland?
   - Wie wird Pünktlichkeit im allgemeinen definiert? Im Herkunftsland, im Zielland?
   - Bei welchen Situationen ist im Herkunftsland Pünktlichkeit angebracht?
   - Bei welchen Situationen ist im Zielland Pünktlichkeit angebracht?
   - Was kann ich durch Pünktlichkeit zeigen oder auslösen?
   - Was kann ich durch Unpünktlichkeit zeigen oder auslösen?
   - Gibt es geschlechtsspezifische Unterschiede?
   - Wie weit beeinflußt das Zeitverständnis unser Miteinander?

   (73% der Deutschen klagen z.B. über Hektik, *Stern* 20/1993, Hamburg)

➤ Hinweis:

Diese Übung soll verdeutlichen, daß Zeit sowohl individuell als auch kulturell unterschiedlich wahrgenommen werden kann (z.B. was heißt „viel Zeit“, „wenig Zeit“, „keine Zeit“, „etwas dauert lange/kurz“ etc.). In vielen Kulturen (besonders in den Industrieländern) nimmt Zeit einen wichtigen Stellenwert ein. Das bedeutet: Wenn unterschiedliche Zeitvorstellungen zwischen Angehörigen verschiedener Kulturen bestehen, löst dies verschiedenste Bewertungen und Gefühle aus und kann zu vielen Mißverständnissen führen. Es lohnt sich deshalb, in einem fremden Land nachzufragen, z.B.: „Was heißt drei Uhr? Exakt drei Uhr? Eher halb vier? Oder eher Viertel vor drei?“

➤ Einbettung:

Die Übung kann auch als Vorbereitung für das in interkulturellen Gruppen oft schwierige Thema „Unpünktlichkeit im Unterricht“ dienen.

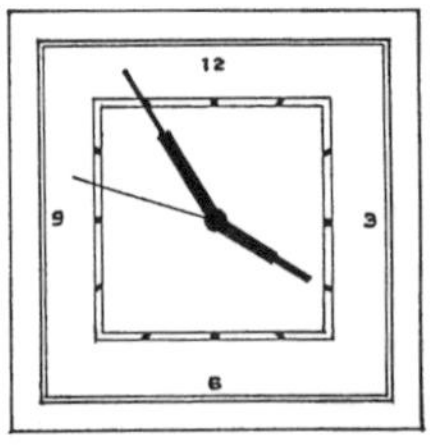

Wertvolle Zeit

Versetzen Sie sich in Ihrer Kleingruppe in die unten angegebenen Situationen und stellen Sie jeweils fest, ob Ihnen in der jeweiligen Situation das Warten nichts ausmacht, oder benennen Sie den Zeitpunkt, ab dem Sie anfangen, ungeduldig zu werden. Wie bewerten Sie dann die Situation, sich selbst oder die anderen? Machen Sie Notizen in den dafür vorgesehenen Rubriken.

Wartesituation	Zeitangabe	Bewertung
	Ab wann werde ich ungeduldig? Das Warten macht mir nichts aus.	Wie bewerte ich dann meinen Kommunikationspartner, die Situation und mich selber?
Beispiel: Beim Arzt	nach einer halben Stunde	Arzt schlecht organisiert
1. Der Zug hat Verspätung, und Sie sitzen drin.		
2. Sie erwarten Besuch: zum Essen; zu einem Fest.		
3. Sie sind in einem Lokal verabredet: mit dem Lebenspartner/der Lebenspartnerin; mit einem guten Freund/einer guten Freundin; mit einem entfernten Bekannten.		
4. Vor einem Jobinterview: Sie sitzen im Vorraum.		
5. Sie haben einen beruflichen Termin im Büro Ihres/r Geschäftspartners/in, der/die Sie warten läßt.		
6. Sie wollen in den Urlaub fliegen, und das Flugzeug hat Verspätung.		
7. Sie haben einen Termin beim Steuerberater.		
8. Sie sind an einem Treffpunkt draußen verabredet, und Ihr/e Partner/in läßt Sie warten.		
9. Sie stehen in einer langen Schlange beim Einkaufen.		
10. Sie kommen an der Bushaltestelle an, und der Bus ist gerade abgefahren.		

Wie soll das Kind denn heißen?

Thema:	Namenkunde
Zielgruppe:	TN ab Grundstufe II
Ziel:	Kennenlernen der geschichtlichen Hintergründe der Namenkunde bzw. des Namensrechts im Zielland; Kulturvergleich; eigenständige Erarbeitung von Informationen zum Thema
Aktivität:	Arbeit in Kleingruppen mit Arbeitsblättern; Diskussion und Auswertung im Plenum

➤ Material/Vorbereitung:

Ein Arbeitsblatt pro TN, ein Lösungsblatt pro Kleingruppe.

➤ Verfahren:

1. Bitten Sie die TN, sich in Kleingruppen aufzuteilen.
2. Die Kleingruppen erhalten das folgende Arbeitsblatt und sollen jeweils drei Aussagen heraussuchen, die ihrer Meinung nach
   a) für Deutschland
   b) für die Schweiz
   c) für Österreich
   zutreffen, und ebenso drei Aussagen, die für all diese Länder jeweils nicht zutreffend sind.
3. Die Kleingruppen tauschen ihre Ergebnisse im Plenum aus. Ungeklärtheiten sollten zu diesem Zeitpunkt offen bleiben. Verteilen Sie danach je eine Kopie des Lösungsblatts pro Kleingruppe, damit die TN ihre Diskussionsergebnisse überprüfen können.
4. Abschließend nehmen die TN Vergleiche mit ihrem Herkunftsland beziehungsweise ihren Herkunftsländern vor. (Dies ist besonders interessant bei einer international zusammengesetzten Gruppe). Je nach Interesse der Gruppe können Sie die TN gegebenenfalls ermutigen, ungeklärte Gegebenheiten über das eigene Land im Plenum zu klären.

Wie soll das Kind denn heißen?

1. *Einigen Sie sich in Ihrer Kleingruppe auf drei der unten aufgeführten Aussagen, die Ihrer Meinung nach a) für Deutschland, b) für die Schweiz, c) für Österreich stimmen, und drei Aussagen, die nicht für diese Länder stimmen. Tragen Sie die Ergebnisse in das Raster ein.*

2. *Berichten Sie Ihre Ergebnisse im Plenum.*

3. *Vergleichen Sie Ihre Ergebnisse mit dem Lösungsblatt.*

4. *Beschreiben Sie anschließend die Sitten in Ihrem Land.*

	ja	nein
Deutschland		
Schweiz		
Österreich		

1. Den Vornamen des Kindes bestimmen die Eltern.
2. Es gibt, im Verlauf der Jahre wechselnd, sehr beliebte, aber auch weniger beliebte Vornamen.
3. Vornamen können frei nach Phantasie gewählt werden.
4. Namen bestehen immer aus Vor- und Familiennamen.
5. Spitznamen und Kosenamen sind üblich.
6. Menschen- und Tiernamen sind manchmal identisch.
7. Die Frau übernimmt bei der Heirat den Namen des Mannes.
8. Namen können problemlos geändert werden, wenn sie nicht mehr gefallen.
9. Die Familiennamen werden an der Haustür angebracht.
10. Männliche und weibliche Namen sind immer unterschiedlich.
11. Am Namen ist die Schichtzugehörigkeit zu erkennen.
12. Es gibt spezielle Namenstage.
13. Das Kind bekommt seinen Vornamen einen Monat nach seiner Geburt.
14. Ein Name soll Glück bringen.

Wie soll das Kind denn heißen?

1. Meist entscheiden die Eltern vor der Geburt des Kindes über einen Vornamen. Kriterien für Vornamen sind z.B.:
   - Gefällt der Name nach dem Klang?
   - Namen lebender Verwandter oder verstorbener Vorfahren
   - Namen von Freunden oder bekannten Persönlichkeiten (vgl. Nr. 2)
   - Paßt der Vorname zum Familiennamen in Klang, Länge u.ä.?
   - Weitere Ratgeber für Namen: Bücher mit Namensregistern, zur Schwangerschaftsberatung, für Eltern etc.

2. Die Beliebtheit von Vornamen hält einige Jahre lang. Die zur Zeit in Deutschland beliebtesten Namen für Mädchen sind: Julia bzw. Lisa; für Jungen: Daniel und Philip. Dies hat unterschiedliche Ursachen: Figuren aus Film- oder Literaturbestsellern, aus der Geschichte, Popsänger u.ä. Unpopulär sind Namen, die einen negativen geschichtlichen Hintergrund haben (z.B. Adolf).
   Aus der Mode gekommen sind Namen aus Heldensagen (Gundhilde, Brunhilde u.ä.).

3. Vornamen müssen im behördlichen Register verzeichnet sein. Es dürfen also keine reinen Phantasienamen gegeben werden oder solche Namen, die den Namensträger belasten könnten. So wurde z.B. der Name „Napoleon" nicht gestattet, da ein Kind mit diesem Namen zum Gespött werden könnte.

4. Der Name ist ein Identifikationsmerkmal. Er besteht aus dem Familiennamen (Nachnamen) und einem oder mehreren Vornamen. Im Umgang mit Behörden ist vor allem der Familienname wichtig. Familiennamen haben sich in Deutschland erst im späten Mittelalter durchgesetzt: Die Namen der Germanen waren Vornamen. Diese wurden allmählich ergänzt durch Beinamen unterschiedlicher Herkunft: Land (Bayer), Gewerbe (Schuhmacher, Kaufmann) und vor allem Eigenschaften: Äußerlichkeiten (Schwarz, Dick, Klein) und Charaktereigenschaften (Kluge, Kühn). Auch damals gab es also schon Stereotype! Oft wurde einfach der Name des Vaters hinzugefügt: (Dietrichs Reinhard). Diese Beinamen wurden erblich und dadurch zu Familiennamen (angefangen ab etwa dem Jahre 1000 beim Hochadel bis in alle Stände um ca. 1500. Nur an der Nordseeküste bestanden die Namen bis ins 19. Jahrhundert nur aus Vornamen und dem Namen des Vaters).

5. Spitzname (auch Neckname): scherzhafter oder spöttischer Beiname, der besondere körperliche oder charakterliche Eigenheiten festhält: besonders im privaten Kreis, im Kollegen-, Bekanntenkreis, Schüler–Lehrer. Beispiel: *Dicker.*
   Kosename: verkürzte oder veränderte Form eines Namens, die eine liebevolle, vertrauliche Beziehung ausdrückt. Beispiel: *Babs* von *Barbara.*

6. Haustiere wie Katzen, Vögel, Meerschweinchen und besonders Hunde tragen oft Namen wie Menschen. Keine Namen für Menschen sind: *Schnuppi, Struppi, Mieze* etc.

7. Es war bis vor kurzem gesetzlich festgelegt, daß eine Familie einen gemeinsamen Familiennamen führt. Nach dem neuen Namensrecht ist aber der gemeinsame obligatorische Familienname praktisch abgeschafft: Die Eheleute können entscheiden, ob sie ihre jeweiligen Geburtsnamen behalten oder einen gemeinsamen Namen führen wollen oder ob einer der Partner einen Doppelnamen wählt. In diesem Fall wird an den Geburtsnamen der Frau oder des Mannes der Name des Partners mit Bindestrich angefügt. Die Eltern sollten sich auch darüber einigen, welchen Namen ihr Kind bekommen soll. Während einer einjährigen Übergangsfrist können Eheleute ihren Namen nachträglich ändern. Bei Scheidung kann die Frau den Namen des Mannes abgeben und ihren eigenen (wieder) annehmen. (Der Mann kann der geschiedenen Frau sogar das Tragen seines Namens verbieten.)

8. Alle Änderungen des Vor- und Familiennamens benötigen die Genehmigung der Behörde und müssen begründet sein. Sie sind mit viel Aufwand und Geld verbunden (vgl. auch 7).

9. In Mehrfamilienhäusern stehen die Namen meist neben der Klingel (zur Erkennung für Besuch, Briefträger etc.). Im Falle von Einfamilienhäusern steht manchmal nur eine Hausnummer zur Identifizierung des Bewohners.

10. Familiennamen haben keine Unterschiede für weibliche oder männliche Namensträger. Bei Vornamen trennt die behördliche Liste nach Mädchen- und Jungennamen. Die Geschlechterzugehörigkeit soll klar zu erkennen sein. Es gibt einige Ausnahmen, z.B. *Maria*. Dieser Name kann auch für Jungen als zweiter Vorname gewählt werden.

11. Normalerweise kann man am Namen keine Schichtzugehörigkeit erkennen. Eine Ausnahme bilden die Adelsnamen, z. B.: *von Bülow, von Blücher* oder *von Zitzewitz.*

12. Den Kalendertag des Heiligen, dessen Namen jemand trägt, feiern manche (besonders Katholiken) als Namenstag statt oder neben dem Geburtstag.

13. Meist bekommt das Kind seinen Namen gleich nach der Geburt.

14. „Glücksbringende" Vornamen spielen in den deutschsprachigen Ländern keine Rolle, im Unterschied z.B. zu asiatischen Ländern.

❖

Küß die Hand

Thema: Begrüßung
Zielgruppe: TN ab Grundstufe II
Ziel: Sensibilisierung für kulturell oder individuell bedingte Verhaltensunterschiede bei Begrüßungen; Vermittlung pragmatischer Regeln (siehe auch das Vorwort „Zu diesem Buch“ auf S. 3.)
Aktivität: Kleingruppenarbeit mit Arbeitsblatt, Rollenspiel in Partnerarbeit, Plenumsdiskussion

➤ Material/Vorbereitung:

Ein Arbeitsblatt pro TN und ein Lösungsblatt pro Kleingruppe.

➤ Verfahren:

1. Teilen Sie die Gruppe in Kleingruppen von drei bis vier Personen.
2. Jede Kleingruppe erhält Kopien des Arbeitsblatts und eine Kopie des Lösungsblatts. Die TN sollen über die einzelnen Aussagen, die dort zu finden sind, nachdenken und entscheiden, ob sie möglich sind oder nicht.
3. Bitten Sie danach die Kleingruppen, sich in der Gesamtgruppe auszutauschen und ihre Ergebnisse vorzutragen.
4. Anwendung im Rollenspiel: Die TN bilden Paare, diese suchen sich zwei Rollen aus und bestimmen Alter, Geschlecht und Beziehung der beiden Personen sowie die spezifische Kommunikationssituation. Sie überlegen sich nonverbale und verbale Begrüßungsabläufe und entwickeln daraus ein kurzes Rollenspiel. Geben Sie den TN ein Zeitlimit von ca. 10 - 15 Minuten. Die Übung soll ein schnelles Tempo haben. Nach dem Vorspielen raten die anderen TN die Personen, ihre Rollen und die Situation.

➤ Einbettung:

Mögliche Vorübung bei multinationalen Gruppen: Alle TN bewegen sich im Raum und begrüßen sich in ihrer Landesart. Als Anschluß von „Küß die Hand“ eignen sich weitere Übungen zu Anrede- und Grußformeln.

➤ Hinweis:

Entscheiden Sie nach dem Sprachstand der TN und der zur Verfügung stehenden Zeit, ob Sie Arbeitsblatt 2 als Arbeitsblatt oder als mündliche Information eingeben.

Literaturhinweis zum Thema: Heinz-Helmut Lüger, *Routinen und Rituale in der Alltagskommunikation*, Langenscheidt Verlag, München 1993.

Küß die Hand

Lesen Sie folgende Aussagen und beantworten Sie in der Gruppe folgende Fragen. Tragen Sie ein:

- *Welche Verhaltensweisen finden Sie angenehm, positiv?*
- *Welche mögen Sie nicht?*
- *Welche sind Ihnen fremd?*
- *Welche sind Ihrer Meinung nach in Deutschland , Österreich oder der Schweiz üblich?*

1. Zu jeder richtigen Begrüßung gehört ein Handschlag/Händedruck.
2. Der Händedruck muß fest sein.
3. Es gibt Begrüßungsformulierungen mit religiöser Bedeutung.
4. Nur sozial Gleichgestellte geben sich die Hand.
5. Männer, die sich z.B. aus Kneipen, Sportvereinen und ähnlichem kennen, klopfen sich oft auf die Schulter.
6. Die Menschen vermeiden jeden Körperkontakt.
7. Gute Bekannte oder Freunde begrüßen sich auch mit einem Kuß oder einer Umarmung.
8. Nach der ersten Bekanntmachung oder Begrüßung ist es höflich, sich nach Beruf, Ausbildung, Kinderzahl und Einkommen zu erkundigen.
9. Beim Betreten von kleineren Läden, öffentlichen Büros und ähnlichem sagt man einen kurzen Gruß und verabschiedet sich auch.
10. Der Mann gibt der Frau einen Handkuß bei Begrüßung und Abschied.
11. Sozial Niedrigstehende begrüßen sozial Höherstehende zuerst.
12. Eine lange Begrüßung und viele Fragen nach dem Wohlbefinden sind eine gute Voraussetzung für ein geschäftliches Gespräch.
13. Beim Betreten eines Zugabteils oder einer Arztpraxis ist es üblich, jeden einzelnen zu begrüßen.
14. Zur Begrüßung reicht es, die Augenbrauen hochzuziehen und zu lächeln.
15. Es ist höflich, daß man sich bei der Begrüßung direkt in die Augen sieht.
16. Es ist höflich, Angestellte/Beamte im Amt bei der ersten Begegnung zu fragen: „Wie geht es Ihnen?“
17. Hundebesitzer freuen sich immer sehr, wenn man auch ihren Hund begrüßt.
18. Zur Begrüßung gehört, daß man den Hut abnimmt.
19. Eine sitzende Person steht zur Begrüßung auf.
20. Die Nennung des Titels oder des Berufs gehört unbedingt zur Begrüßung, z.B. „Guten Morgen, Herr Doktor.“, „Guten Tag, Frau Kommerzienrat.“

Küß die Hand

zu 1: Das war früher durchaus üblich. Heute ist es Ansichtssache. Als Ausdruck einer höflichen Kontaktaufnahme und Zuwendung besonders in der Geschäftswelt gebräuchlich. Junge Leute unterlassen häufig den Handschlag. Zum Gratulieren ist das Handgeben typisch. Eine zur Begrüßung ausgestreckte Hand sollte man unbedingt ergreifen, andernfalls erscheint man als sehr unhöflich. Die andere Hand sollte dabei nicht in der Tasche bleiben.

zu 2: Ein fester Händedruck signalisiert nach Meinung vieler Vitalität und Entschlossenheit.

zu 3: Ja. Im süddeutschen Raum, besonders in Bayern werden sogar vorwiegend religiöse Begrüßungsformen (z.B. „Grüß Gott") verwendet. Allerdings ist der Bezug zur Religion oft nicht mehr vorhanden.

zu 4: Nein, auch Menschen in sozial unterschiedlichen Rollen geben sich die Hand.

zu 5: Stimmt. Das Schulterklopfen kann auch ein Zeichen von Wohlwollen dem anderen gegenüber bedeuten.

zu 6: Trifft im allgemeinen nicht zu.

zu 7: Trifft zu.

zu 8: Die Frage nach Beruf und Ausbildung ist als „gesellige" Frage oft nicht angebracht. Nach Kindern zu fragen ist okay, aber nicht nach den Gründen von Kinderlosigkeit. Nach dem Einkommen fragt man höchstens enge Freunde.

zu 9: Stimmt (z.B. „Guten Tag" und „Auf Wiedersehen").

zu 10: Ist in Deutschland nicht mehr üblich (in bestimmten bürgerlichen Kreisen in Österreich noch üblich).

zu 11: Ja und nein: Beim Gruß im Vorbeigehen (besonders auf dem Land) begrüßt der Mann die Frau, der Schüler den Lehrer, der Jüngere den Älteren zuerst. Bei stehender Begrüßung mit Handschlag muß hingegen abgewartet werden, bis der sozial Höherstehende die Hand ausstreckt. Dem sozial Höherstehenden wird die „unbedeutendere" Person zuerst vorgestellt.

zu 12: Das ist unterschiedlich; oft kommt man allerdings auch ziemlich schnell zur Sache.

zu 13: Nein, man begrüßt alle gemeinsam mit einem kurzen Gruß.

zu 14: Nein, üblich ist ein verbaler Gruß oder ein Lächeln und Kopfnicken.

zu 15: In den deutschsprachigen Ländern wie in ganz Westeuropa gehört der Augenkontakt zum Ritual, er signalisiert Kontaktbereitschaft und -fähigkeit und demonstriert Zuwendung.

zu 16: Nein, die Frage nach dem Befinden stellt man erst, wenn man sich etwas kennt. Sie sollte dann auch beantwortet werden.

zu 17: In jedem Fall! Aber Sie müssen nicht!

zu 18: Männer ziehen zur Begrüßung den Hut, Frauen nicht. Mützen können aufbehalten werden.

zu 19: Frauen können zur Begrüßung von anderen sitzenbleiben, außer bei viel älteren und besonders ehrwürdigen Personen.

zu 20: In Deutschland und der Schweiz ist es eher unüblich, wird vor allem in Mittel- und Norddeutschland eher als servil interpretiert, in Österreich dagegen weit verbreitet. Ausnahme in Deutschland: „Herr oder Frau Doktor", wenn der- oder diejenige Arzt/Ärztin ist. In der Schweiz wird der Doktortitel üblicherweise mitgesprochen, in Deutschland meistens nur beim ersten Kontakt.

„Wie geht's?"

Thema: Kommunikation: Angemessenes sagen und fragen

Zielgruppe: TN ab Grundstufe II

Ziel: Sensibilisierung für unterschiedliche Akzeptanz von Themen (ungefährliche und indiskrete) und für Ermessensspielräume; Verstehenshilfen für Kommunikationsverhalten: Unterscheiden lernen, welche Themen in welchem Rahmen gegenüber wem angemessen sind

Aktivität: Unterrichtsform: Textarbeit zu zweit; Auswertung im Plenum

➤ Material/Vorbereitung:

Ein Arbeitsblatt pro TN, eventuell ein Lösungsblatt pro Paar.

➤ Verfahren:

1. Lassen Sie Paare bilden, und verteilen Sie zwei Arbeitsblätter pro Paar. Beide sollen die Aufgaben zusammen bearbeiten.
2. Nachdem die jeweiligen Paare die Aufgaben gemeinsam gelöst haben, erfolgt die Auswertung im Plenum. Machen Sie deutlich, daß es Ermessensspielräume gibt, die von der Situation, der Art der Beziehung der Sprecher, von der eigenen Person und der Art der angestrebten Beziehung abhängig sind.

➤ Hinweis:

Entscheiden Sie nach dem Sprachstand der TN und der zur Verfügung stehenden Zeit, ob Sie das Lösungsblatt als Arbeitsblatt verteilen oder nur als mündliche Information geben.

Unserer Erfahrung nach regt diese Übung viele Diskussionen an. Machen Sie deutlich, daß bei vielen Äußerungen unterschiedliche Faktoren eine Rolle dafür spielen, ob eine Aussage angemessen oder nicht angemessen ist.

A

„Wie geht's?"

- *Lösen Sie die Aufgaben in Partnerarbeit.*
- *Entscheiden Sie gemeinsam, ob und wem gegenüber (in welcher Situation) die folgenden Fragen oder Bemerkungen in den deutschsprachigen Ländern angebracht sind. Tragen Sie jeweils den oder die passenden Buchstaben ein (a – e).*
- *Vergleichen Sie anschließend Ihre Antworten mit denen aus der Gesamtgruppe und diskutieren Sie Ihre Überlegungen untereinander.*

a) Unbekannter
b) Chef/in
c) gute/r Bekannte/r
d) enge Freundin / enger Freund
e) nicht angebracht

1. „Wie geht's?"					
2. „Darf ich mir mal den Stift leihen?"					
3. „So etwas Blödes!"					
4. „Wieso haben Sie keine Kinder?"					
5. „Sind Sie religiös? Bist du religiös?"					
6. „Gehen wir zusammen Kaffee trinken?"					
7. „Woher kommen Sie gerade?"					
8. „Wie alt sind Sie?"					
9. „Oh, ich dachte, Sie sind älter."					
10. „Sie sehen heute aber schlecht aus."					
11. „Können Sie mir Geld leihen?"					
12. „Liebst du mich?"					
13. „Haben Sie eine Freundin / einen Freund?"					
14. „Wieviel verdienen Sie im Monat?"					
15. „Ich finde es hier furchtbar langweilig."					
16. „Gestern hatte ich den ganzen Tag Magenschmerzen."					
17. „Oh, dieser schreckliche Regen!"					
18. „Das steht Ihnen aber gut."					
19. „Unsere Regierung ist wirklich das Letzte!"					
20. „Sind Sie verheiratet?"					
21. „Welche Partei haben Sie / hast du gewählt?"					

Die Aussagen gelten vor allem für Deutschland, Österreich und für die Schweiz, nicht immer auch für andere europäische Länder.

zu Frage 1:
Diese Frage ist vermutlich eine der häufigsten Kontaktfragen überhaupt und kann jedem, außer Unbekannten, gestellt werden. Je nachdem kann der Gefragte mit einer mehr oder weniger offenen Antwort reagieren.

zu Frage 2 und 11:
Einen Stift kann man sich jederzeit von jedem ausleihen, Geld, soweit es sich nicht um kleinere Beträge in Notfällen handelt, eher nur von guten Bekannten, engen Freunden oder innerhalb der Familie.

zu Frage 3, 17 und 19:
Das Schimpfen über gängige Themen wie Wetter, Politik und Essen ist allgemein – wenn auch manchmal nicht schön – und in beliebigen Situationen möglich.

zu Frage 4, 13, 14 und 20:
Weisen Sie besonders auf die unterschiedliche Akzeptanz der Themen *Kinder* (4.), *Verdienst* (14.) und *Partnerschaft und Ehe* (12./20.) hin. Die Fragen nach Kindern bzw. Kinderlosigkeit und der Partnerschaft sind in vielen Kulturen selbstverständlich, in den deutschsprachigen Ländern jedoch werden sie als Verletzung des Intimbereichs empfunden. Sie können nur in einer sehr persönlichen, eher intimen Situation gestellt werden. Auch die Frage nach dem Verdienst ist indiskret und selbst unter Kollegen oder Freunden oft unüblich.

zu Frage 5:
Die Frage nach der Religiosität oder Religionszugehörigkeit wird nicht häufig gestellt, da sie zum Privatbereich gehört und die Religion zumeist die wichtige Rolle, die sie in vielen Kulturen noch besitzt, hierzulande etwas verloren hat. In bestimmten privaten Kontexten oder Situationen (z.B. in einem persönlichen Gespräch) ist die Frage aber durchaus möglich. Wird diese Frage vom Arbeitgeber bei einer Bewerbung gestellt, muß sie nicht beantwortet werden, außer man strebt eine Tätigkeit in einer christlichen Institution an. Ansonsten braucht der Arbeitgeber die Information über die Religionszugehörigkeit jedoch, da er gegebenenfalls Kirchensteuer für den Arbeitnehmer abführen muß.

zu Frage 6:
Diesen Vorschlag kann man normalerweise jedem machen, er signalisiert Interesse und Kontaktbereitschaft. Nur bei völlig Unbekannten kann er unter Umständen als zu schnelle, plumpe Annäherung verstanden werden, besonders in bestimmten Situationen von Männern gegenüber Frauen.

zu Frage 7:
Diese Frage gilt hier eher als neugierig und wird daher nur in engen Beziehungen gestellt. Sie ist möglich in einem Gespräch auf der Reise oder in einem Gespräch als Frage nach dem letzten Reiseort.

zu Frage 8:
Es gilt als unhöflich, ältere Personen, besonders Frauen, nach dem Alter zu fragen, da Altwerden und Altsein in den deutschsprachigen Ländern eher negativ bewertet werden. Ausnahmen: Man hat die betreffende Person erheblich jünger geschätzt und bringt dies auch zum Ausdruck. Ärzte, Beamte u.ä. können selbstverständlich diese Frage in Ausübung ihres Berufs stellen.

zu Frage 9:
Eine solche Bemerkung ist sehr unhöflich und wirkt außer auf sehr junge Personen verletzend.

zu Frage 10:
Einen solchen Kommentar hört niemand gern, auch wenn er Anteilnahme ausdrükken soll, man sollte daher sein Mitgefühl anders ausdrücken. Anders ist die Situation, wenn jemand über seine Unpäßlichkeit klagt und der andere teilnehmend bemerkt: „Sie sehen aber heute wirklich auch nicht gut aus."

zu Frage 11:
Vergleiche Punkt 2.

zu Frage 12:
Diese Frage kann nur in einer persönlichen, intimen Situation gestellt werden. Besonderer Hinweis für Unterrichtende im Zielsprachenland: In manchen Kulturkreisen, z.B. Indonesien, China, Korea, gibt es andere Ausdrucksformen für die eigenen Gefühle; sie sind in andere Rituale eingebunden; z.B. wird ein Liebespaar möglicherweise seine Gefühle zueinander in der Öffentlichkeit zurückhaltender zeigen als in Westeuropa. Im Unterricht müssen Sie damit rechnen, daß Ihre TN es eventuell für unangebracht ansehen, ihre persönlichen Gefühle oder ihre Kritik in den Unterricht einzubringen.
Grundsätzlich gibt es natürlich auch in diesen Kulturen Signale, seine Kritik, seine Reserve oder Distanz auszudrücken. Sie sind allerdings ganz anders.

Deshalb stößt eine schnelle Bereitschaft, mehr oder weniger Fremden die eigenen Gefühle zu offenbaren - z.B. Wut - bei TN aus den oben genannten Kulturkreisen oft auf Unverständnis und Ablehnung. Auch die bei uns vorherrschende Tendenz, Kritik oder abweichende Meinungen frei zu äußern, wirkt auf Menschen aus anderen Kulturkreisen, z.B. China, Korea, Syrien, Ägypten, Thailand, befremdend, in denen offene Kritik und eigene Meinungsäußerung, teils aus religiösen Gründen, vermieden oder anders geäußert wird: Kritik oder eine andere Meinung könnte jemanden verletzen oder als dumm darstellen oder einfach die Harmonie stören. Umgekehrt verstehen Deutsche oft die Zurückhaltung bezüglich Kritik nicht, die dann häufig als Desinteresse oder Kritikunfähigkeit mißinterpretiert wird.

zu Frage 13 und 14:
Vergleiche dazu Punkt 4.

zu Frage 15:
Vergleiche Punkt 3. Äußerst unhöflich wäre diese Bemerkung allerdings gegenüber Gastgebern!

zu Frage 16:
Es ist durchaus üblich, über Krankheiten zu sprechen, aber eher im Freundes- oder Familienkreis. In einem persönlicheren Gespräch geht das auch unter Bekannten oder Kollegen.

zu Frage 17:
Vergleiche Punkt 3. Das Reden über das Wetter ist vermutlich eines der häufigsten Kommunikationsthemen und gerade auch als Gesprächseinstieg mit Unbekannten sehr üblich.

zu Frage 18:
Komplimente hört jeder gern. Dieses kann man möglicherweise sogar Unbekannten auf einer Party und auf ähnlichen Veranstaltungen machen und damit einen ersten Kontakt herstellen. Wenn diese Art von Kompliment jedoch von einem Mann einer ihm unbekannten Frau gegenüber gemacht wird, kann es auch als plumpe Anbiederung verstanden werden.

zu Frage 19:
Politik ist auch unter Unbekannten ein gängiges Gesprächsthema. Die Bemerkung auf dem Arbeitsblatt könnte unter Umständen jedoch auch alles andere als harmoniestiftend wirken!

zu Frage 20:
Vergleiche Punkt 4.

zu Frage 21:
Man wird sich normalerweise nur in engeren Beziehungen danach erkundigen.

Gemeinsam Essen und Trinken

Thema: Eß- und Trinkgewohnheiten

Zielgruppe: TN ab fortgeschrittener Grundstufe II

Ziel: Austauschen von Vorwissen und Beobachtungen; Sensibilisierung für die kulturspezifischen und individuell unterschiedlichen Einstellungen zum Essen und Trinken in Gesellschaft; Vermittlung von Verständnis für fremde Eß- und Trinkgewohnheiten

Aktivität: Kleingruppenarbeit mit Arbeitsblatt; Verifizierung und Diskussion im Plenum

➤ Material/Vorbereitung:

Ein Arbeitsblatt pro TN und eventuell ein Lösungsblatt pro Kleingruppe.

➤ Verfahren:

1. Teilen Sie die Gesamtgruppe in Kleingruppen von drei bis vier Personen.
2. Verteilen Sie an jede Gruppe Kopien des Arbeitsblattes. Bitten Sie die Gruppen, dieses zusammen zu lesen. Bei sprachlichen Verständigungsproblemen sollten sich die TN in der Gruppe untereinander helfen; greifen Sie nur helfend ein, wenn dies nicht gelingt.
3. Die TN füllen nun in den Gruppen die Spalten einzeln oder gemeinsam mit Hilfe ihrer Vorerfahrungen oder Vermutungen aus, auch die Spalte „Stimmt in Deutschland/Österreich/in der Schweiz“.
4. Anschließend werden im Plenum an Flipchart oder Tafel die Sätze gesammelt, die in den Herkunftsländern zum großen Teil gültig sind, dann die, die in den Herkunftsländern weniger oder keine Gültigkeit haben. Sammeln Sie zum Schluß die Sätze, die sowohl für die Herkunftsländer als auch für die deutschsprachigen Länder zutreffen, und diejenigen, von denen die TN meinen, daß sie nur in den deutschsprachigen Ländern Gültigkeit haben.
5. Lassen Sie die TN ihre Meinungen und Vermutungen zu den Ursachen der thematisierten Verhaltensweisen äußern. Sammeln und diskutieren Sie dazu die Antworten zu den diesbezüglichen Fragen a) und b) in der Anleitung zum Arbeitsblatt.

➤ Hinweis:

Entscheiden Sie nach dem Sprachstand der TN und der zur Verfügung stehenden Zeit, ob Sie das Lösungsblatt als Arbeitsblatt austeilen oder als mündliche Zusatzinformation geben.

Gemeinsam Essen und Trinken

1. *Bilden Sie Kleingruppen und lesen Sie die folgenden Aussagen.*
2. *Markieren Sie dann die Antworten zuerst in den Spalten „Stimmt für mein Land".*
3. *Markieren Sie schließlich die Antworten in den Spalten „Stimmt für die deutschsprachigen Länder". Wenn kein Gruppenmitglied die Antwort weiß, raten Sie.*
4. *Diskutieren Sie in Ihrer Gruppe folgende Fragen:*
   a) Warum sind manche Einstellungen und Verhaltensweisen in Ihrem Land anders?
   b) Warum sind manche so wie in den deutschsprachigen Ländern?

1. Zum Essen gehören Brot und Wasser.
2. Man benutzt grundsätzlich Messer und Gabel zum Essen.
3. Ein Gast bekommt extra große Stücke.
4. Das Familienoberhaupt bekommt die erste Portion.
5. Es ist üblich, den Teller leer zu essen.
6. Vor oder nach dem Essen bedanken sich alle.
7. Vor dem Essen sagt man immer etwas wie „Mahlzeit" oder „Guten Appetit".
8. Mit viel Geräusch (Schlürfen, Schmatzen) essen heißt, daß es schmeckt.
9. Es ist den Gastgebern gegenüber unhöflich, Nachfüllen abzuwehren.
10. Es wird gern und viel getoastet.
11. Essen ist ein Statussymbol.
12. Wein wird nur zum Essen getrunken.
13. Es gibt bei offiziellen Essen eine hierarchische Sitzordnung bzw. Ehrenplätze.
14. Sobald die Gesellschaft mit dem Essen fertig ist, geht sie nach Hause.
15. Zusammen essen macht Spaß, und die Menschen nehmen sich viel Zeit dafür.
16. Bei der Tischplazierung werden Ehepaare zusammengesetzt.

	Stimmt für mein Land			Stimmt für die deutschsprachigen Länder		
	eher ja	ja und nein	eher nein	eher ja	ja und nein	eher nein
1.						
2.						
3.						
4.						
5.						
6.						
7.						
8.						
9.						
10.						
11.						
12.						
13.						
14.						
15.						
16.						

Gemeinsam Essen und Trinken

Die folgenden Aussagen stimmen vor allem für die deutschsprachigen Länder, nicht immer auch für andere europäische Länder.

zu 1: Eigentlich nicht, auch in Restaurants wird Wasser nicht ohne ausdrückliche Bestellung gereicht. Zu Hause trinkt man statt Wasser wohl eher Mineralwasser und ähnliches, die Antwort ist also „eher nein". Brot wird in Restaurants (vor allem ausländischen, zunehmend aber auch in deutschen) zum Essen gereicht, mit und ohne Aufpreis.

zu 2: „Eher ja", es gibt nur sehr wenige Speisen, die man mit den Fingern essen kann, z.B. feste Kuchenstücke, belegte Brote, unter Umständen auch Würstchen, Buletten oder Hähnchenschenkel. Nicht mit dem Messer geschnitten wurden früher: Kartoffeln.

zu 3: Ein Gast hat in deutschsprachigen Ländern nicht den hohen Stellenwert, der ihm in manchen anderen Kulturkreisen zukommt. Jedoch bemüht man sich, einem Gast ein besonders schönes Stück zukommen zu lassen, besonders wenn die Bewirtung zu Hause stattfindet. (Antwort also sowohl „ja" als auch „nein")

zu 4: Diese Haltung gibt es wohl noch in manchen Familien, eher auf dem Land als in der Stadt, wo der Vater als Familienoberhaupt die erste Portion bekommt. Trotzdem „eher nein".

zu 5: „Eher ja", besonders Kinder werden dazu angehalten. „Wenn du alles aufißt, gibt es am nächsten Tag schönes Wetter", sagt man.

zu 6: Man bedankt sich nach dem Essen, z.B. bei der Verabschiedung, wenn eine Person zum Essen eingeladen hat oder mehrere Personen Gastgeber sind.

zu 7: Kann man sagen, es ist jedoch nicht unhöflich, es nicht zu tun („ja" und „nein").

zu 8: Man ißt möglichst „leise". Schmatzen gilt als grob unhöflich.

zu 9: Das galt z.T. früher, da man befürchtete, der Gastgeber glaube dann, sein Essen habe nicht geschmeckt. Heute ist die Ablehnung – geschieht sie höflich und begründet – durchaus akzeptabel, also „eher nein".

zu 10: Trifft zu 50% zu; bei besonderen Anlässen wie Hochzeit, Taufe, bestandener Prüfung etc. sind Toasts üblich.

zu 11: „Eher ja", alle wichtigen Ereignisse werden mit großen festlichen Essen begangen (Hochzeit, Taufen, Begräbnisse etc.). Die Auswahl des Menüs, gegebenenfalls des Restaurants, der Dekoration etc. kann manchmal auch dazu dienen, die soziale Stellung des Gastgebers allen Gästen deutlich vor Augen zu führen. Das gilt in anderer Weise auch für Einladungen zum Essen ohne formellen Anlaß, sei es nach Hause oder ins Restaurant.

zu 12: Es gibt in Deutschland viele Weinlokale, besonders in den deutschen Weingebieten, in denen man sich nur trifft, um einen guten „Tropfen" zu trinken. Das kann natürlich auch zu Hause geschehen. („eher nein")

zu 13: Nur bei besonderen Essen spiegelt die Tischordnung die hierarchische Rangfolge: oben oder neben dem/der Gastgeber/Gastgeberin sitzt der Ehrengast („ja" und „nein").

zu 14: „Eher nein", es gilt als äußerst unhöflich, gleich nach dem Essen zu gehen. Man hinterläßt dann den Eindruck, als wäre man nur gekommen, um zu essen und nicht, um die Gastgeber zu treffen.

zu 15: Das ist sehr unterschiedlich: Es gibt Menschen, die ein gutes und langes Essen ausgesprochen genießen. Aber für viele Menschen ist Essen eher die Befriedigung eines Grundbedürfnisses. Für andere wieder hat Essen die Funktion als Anlaß zu einem gemeinsamen Treffen, oder Essen ist eine Gelegenheit, mit der man etwas Nützliches verbinden kann, z.B. eine Arbeitsbesprechung. Unser Vorschlag: „ja" und „nein".

zu 16: Dies ist in der Schweiz traditionell üblich. Erst in letzter Zeit setzt sich die Art durch, Ehepaare zu trennen.

„Das wäre aber nicht nötig gewesen!“

Thema: Schenken und Geschenke
Zielgruppe: TN ab Grundstufe II
Ziel: Kennenlernen von Geschenkritualen in Deutschland/Österreich/der Schweiz; Aktivierung von Vorwissen und Erfahrung; Vergleich mit den Normen und Gebräuchen in den Herkunftsländern der TN
Aktivität: Kleingruppenarbeit mit Arbeitsblatt; Auswertung im Plenum

➤ Material/Vorbereitung:

Ein Arbeitsblatt pro TN und ein Lösungsblatt pro Kleingruppe.

➤ Verfahren:

1. Bitten Sie Ihre TN, sich in Dreier- bis Fünfergruppen aufzuteilen.
2. Alle TN der Kleingruppen erhalten ein Arbeitsblatt, auf dem sie Aussagen zum Thema *Schenken* finden.
3. Im Plenum vergleichen die Gruppen ihre Ergebnisse.
4. Abschließend gehen Sie nochmals alle Punkte durch. Insbesondere kontroverse Meinungen der TN und kontroverse Haltungen zu den im Zielsprachenland üblichen sollten eingehender besprochen werden.

➤ Hinweis:

Entscheiden Sie nach dem Sprachgebrauch der TN und der zur Verfügung stehenden Zeit, ob Sie das Lösungsblatt als Arbeitsblatt austeilen oder als mündliche Zusatzinformation geben.

„Das wäre aber nicht nötig gewesen!“

1. *Entscheiden Sie sich in Ihrer Gruppe für*

a) *fünf Aussagen, die auf Ihr Herkunftsland bzw. Ihre Herkunftsländer zutreffen,*
b) *fünf Aussagen, die Ihrer Meinung nach auf das Zielsprachenland zutreffen.*

2. *Kreuzen Sie an.*

1. Blumen sind zu jeder Gelegenheit angebracht.
2. Geschenke werden gleich zu Beginn übergeben.
3. Geschenke werden vor der Überreichung vom Geber ausgepackt.
4. Geschenke werden unauffällig überreicht.
5. Der/die Beschenkte packt die Geschenke im Beisein des Gebers aus und bewundert sie ausgiebig.
6. Alkohol und scharfe Gegenstände sind als Geschenke tabu.
7. Ein Geschenk zurückzuweisen ist sehr unhöflich.
8. Es ist üblich, Lebensmittel zu verschenken.
9. Einem Geschenk sollte später ein Gegengeschenk von ähnlichem Wert folgen.
10. Die Größe des Geschenks zeigt die Stärke der Zuneigung.
11. Eine besondere Dienstleistung eines/einer Angestellten in einem Amt sollte man mit einem Geschenk belohnen. Oder: Vor einem Behördengang sollte man immer ein paar Geldbriefchen einstecken.
12. Es ist üblich, zu einer Einladung ein kleines Gastgeschenk mitzunehmen.
13. Wenn jemand beim Entgegennehmen eines Geschenks sagt: „Das wäre aber nicht nötig gewesen!“ nimmt man das Geschenk einfach wieder zurück.
14. Es schenkt die Person, die einen Anlaß zum Feiern hat.

„Das wäre aber nicht nötig gewesen!“

1. Blumen sind vermutlich das bei weitem üblichste Gastgeschenk für alle möglichen Anlässe. Allerdings schenkt man sie meistens Frauen.

2. Normalerweise übergibt man das Geschenk bei oder gleich nach der Begrüßung.

3. Blumen, es sei denn, sie sind besonders aufwendig verpackt, werden vorher ausgepackt. Die übrigen Geschenke werden im allgemeinen verpackt überreicht.

4. Wie man ein Geschenk übergibt, ist individuell unterschiedlich. Üblicherweise überreicht man es vor allen mit ein paar begleitenden Worten.

5. Ein Geschenk unausgepackt beiseite zu legen könnte als Desinteresse und unhöflich gelten. Ausnahme: Bei Geburtstagen, Hochzeiten u.ä. werden manchmal alle Geschenke gesammelt und (eventuell im Beisein der Gäste) später ausgepackt.

6. Alkohol (Sekt, Wein und teure Spirituosen) sind als Gastgeschenke besonders bei Festen und Einladungen zum Essen ins Haus des Gastgebers sehr üblich. Scharfe Gegenstände (z.B. Messer, Scheren) zu verschenken ist zwar nicht tabu, aber auch nicht üblich.

7. Die Zurückweisung eines Geschenks ist in den meisten Fällen sehr unhöflich und kommt einer Beleidigung gleich. Vergleiche Punkt 11.

8. Naturalien wie z. B. Obst, Eingemachtes aus dem eigenen Garten etc. werden eher nahen Freunden oder der Familie mitgebracht.

9. Man schenkt aus den verschiedensten Gründen, aber wohl kaum, um später ein Geschenk von ähnlichem Wert zu erhalten; z.B. schenkt man als Dank für eine Einladung, eine Hilfeleistung, anläßlich eines Festtages etc.

10. Nicht die Größe / der Umfang (z.B. eine Riesenpralinenschachtel), sondern der Wert und die richtige Einfühlung in die Wünsche des Beschenkten zeigen die Intensität der Zuneigung und werden vom Beschenkten auch in dieser Weise interpretiert.

11. Angestellte/Beamte, die in Ausübung ihres Amtes Geldgeschenke annehmen, machen sich strafbar. Man sollte sich vor Geschenken im allgemeinen hüten, da sie eher eine negative Reaktion hervorrufen, signalisiert man doch damit, daß man den Angestellten/Beamten für bestechlich hält.

12. Ein Geschenk ist bei einer Einladung besonders dann üblich, wenn diese mit Aufwand für den Gastgeber verbunden ist (z.B. bei einer Essensvorbereitung).

13. Der Kommentar: „Das wäre aber nicht nötig gewesen!“ ist eine gängige Höflichkeits- oder Verlegenheitsfloskel, die die Bescheidenheit eines Beschenkten demonstrieren soll; man teilt so mit, daß man kein Geschenk erwartet hat. Natürlich läßt der Geber sein Geschenk da.

14. Beschenkt wird der, der Anlaß zum Feiern hat. Er revanchiert sich auf unterschiedliche Weise, etwa indem er „eine Runde ausgibt“, Essen und Trinken spendiert, eine Party mit mehr oder weniger großem Aufwand macht und ähnlichem.

Davon weiß ich ja gar nichts

Thema: Interjektionen und Ausrufe
Zielgruppe: TN ab Grundstufe III
Ziel: Kennenlernen und Einüben von Interjektionen und Ausrufen; Bedeutung von Interjektionen in der Alltagskommunikation einschätzen lernen
Aktivität: Kreative Dialogarbeit in Kleingruppen

➤ Material/Vorbereitung:

Ein Arbeitsblatt pro Gruppe oder TN in Kopie, Visualisierung des Beispiels an Tafel, Flipchart etc.

➤ Verfahren:

1. Stellen Sie der Gruppe das unten aufgeführte Beispiel eines Dialoges, der nur aus Interjektionen und Ausrufen besteht, an der Tafel, auf OHP-Folie oder auf einem Arbeitsblatt vor. Lassen Sie den Dialog mit verschiedenen Intonationen lesen, und sammeln Sie die verschiedenen Interpretationsmöglichkeiten in einer Art „innerem Monolog", also „stillen" Gedanken, die normalerweise nicht geäußert werden. Entwickeln Sie mit den TN eigene „innere Monologe" für die vier Zeilen oder geben Sie die unten aufgeführte Möglichkeit als Beispiel.

Beispiel 1 (Dialog):	**Beispiel 2** (möglicher „innerer Monolog" zu dem Dialog links):
A: *So so!*	A: „Jetzt ist es soweit. Ich hab's geahnt."
B: *Ach ja?*	B: „Das ist ja interessant. Mir sagte sie immer, uns kann nichts passieren."
C: *Wie bitte?*	C: „Davon weiß ich ja gar nichts. Es war doch sonnenklar."
A: *Verdammt!*	A: „Jetzt haben wir den Salat."

Erweitern Sie zusammen mit den TN den Dialog um eine vorstellbare Situation, in der er stattgefunden haben könnte, oder geben Sie das unten aufgeführte Beispiel.

Beispiel 3 (eine mögliche gedachte Situation):
A ist Geschäftsmann, der von der Pleite der eigenen Firma erfahren hat. B ist der Geschäftspartner, der ein bißchen einfältig ist. C ist der Prokurist, der über die finanzielle Lage den Überblick hat, aber das Verhältnis der beiden Geschäftsführer nicht gut einschätzen kann.

2. Teilen sie die Gruppe in Kleingruppen oder Paare und geben Sie jeder Gruppe das Arbeitsblatt mit der Liste der Interjektionen und Ausrufe.
3. Bitten Sie die Gruppen, - entsprechend Beispiel 1 - Interjektionen aneinander zu setzen, diese in einem Dialog entsprechend Beispiel 2 zu interpretieren und eine entsprechende Situation - entsprechend Beispiel 3 - zu suchen.
4. Auswertung: Die Gruppen stellen sich gegenseitig ihre Dialoge vor und prüfen sie auf „Richtigkeit" bzw. Angemessenheit.

➤ Variante:

(Für den Anfang:) Stellen Sie drei Stühle auf einer Art Bühne zusammen und bitten Sie drei freiwillige TN, darauf Platz zu nehmen. Ordnen Sie zu, wer A/B/C übernimmt, und geben Sie den TN den Text des Interjektionsdialoges. Die drei TN sollen den Text laut, deutlich und mit ausreichend Pausen vorlesen und mit der Intonation spielen. Gestatten Sie mehrere Durchgänge. Geben Sie auch die Möglichkeit, A/B/C durch andere TN der Gruppe auszutauschen, falls andere TN noch weitere Einfälle haben.

(Ab Punkt 3:) Jede Gruppe entwickelt für eine andere Gruppe einen kurzen Dialog, der nur aus Interjektionen besteht, und behält ihre Interpretation und die Einbettung in die Situation für sich. Die andere Gruppe erhält nun die Aufgabe, diesen Dialog mit ihrer eigenen Interpretation zu füllen. Anschließend werden die zwei Ideen verglichen.

A

Davon weiß ich ja gar nichts

1. *Suchen Sie aus der Liste der unten aufgeführten Interjektionen und Ausrufe einige aus, die Ihnen gefallen. Kombinieren Sie die Interjektionen derart, daß sie einen Dialog ergeben könnten: z.B.*

A: Huch!
B: Ich bitte Dich!
A: ...

Sie können die Liste mit Interjektionen, die Ihnen bekannt sind, erweitern.

2. *Entwickeln Sie dann einen möglichen Dialog dazu: z.B.:*

A: Jetzt habe ich das Glas fallen lassen. Was wird er jetzt wieder von mir denken?
B: Diese alte Schlampe. Warum kann sie nicht besser aufpassen!

und betten Sie den Dialog in eine mögliche Situation ein.

	(eine) mögliche Bedeutung
Ah!	positive Überraschung
Aha!	„So ist das also."
Ach!	„Laß mich damit in Ruhe."
Ach ja?	„Das ist interessant."
Ach so!	„Das hatte ich vorher nicht gewußt."
Aua!	„Das ist aber schlimm, schrecklich."
Ach du meine Güte!	Überforderung
Ach herrje!	„Ich habe etwas falsch gemacht."
Ach du Schreck!	„Ich habe etwas falsch gemacht."
Also bitte!	„Da hast du dich aber daneben benommen."
Bei Gott!	Bestätigung auf etwas Schlimmes: „Du sagst es."
Igitt!	„Ist das eklig!"
Das darf doch nicht wahr sein	„Du liebe Güte! Das ist sehr ärgerlich."
Ei!	freudiges Erstaunen
Eijeijei!	„Das ist jetzt schwierig. Da hast du dir was eingebrockt."
Eia	beim Streicheln von Kindern
Eben!	„Genau das meine ich auch."
Gütiger Himmel!	„Das darf nicht wahr sein."
Ganz genau!	Bestätigung
Genau!	Bestätigung
Ha!	„Ich habe dich erwischt."
Ha ha!	„Das soll wohl komisch sein."
He!	„Hallo, Sie da!"
Hm, lecker!	„Das schmeckt aber gut."

	(eine) mögliche Bedeutung
Hm?	„Ich weiß ja nicht."
Hoppla!	„Was war das denn?"
Huch!	kleines Erschrecken
Ich bitte dich!	„Das kannst du doch nicht machen."
Na ja!	„Ob ich das wohl glauben soll?"/„Macht nichts."
Nun?	„Was sagst du dazu?"
Nun dann!	„Laß uns anfangen."
Oh!	Erstaunen, Anerkennung
Oho!	„So ist das also."
Oh je!	„Was wird das noch geben?"
Oh Gott, oh Gott!	„Das darf nicht wahr sein."
Pah!	Ablehnung
Pfui	„Das tut man nicht."
Puh!	Anstrengung
Pst!	„Sei ruhig."
So?	„Meinst du wirklich?"
So!	„Jetzt geht es los, jetzt fangen wir an."
So so!	„So ist das also."
Tja!	„Wenn du meinst." „So ist das eben."
Tatsächlich?	Ungläubiges Erstaunen
Verdammt!	Ärger über eine Sache, sich selber oder andere.
Was?	Erstaunen
Wie bitte?	„Kann das sein?" „Ist das möglich?"
Wirklich?	„Kann das sein?"
Um Himmels Willen!	„Das darf doch nicht wahr sein."

Videospiele

Thema: Kommunikationsverhalten
Zielgruppe: TN ab Grundstufe II
Ziel: Wahrnehmungsschulung und Sensibilisierung für nonverbale bzw. außersprachliche Signale deutscher Muttersprachler zu den Sprachhandlungen; *Zustimmen* und *Unterbrechen* einleiten
Aktivität: Auswerten von Videos

➤ Material/Vorbereitung:

Geeignete Videosequenzen aus z.B. Interviews, Talkshows, Diskussionsrunden mit kurzen Redebeiträgen und vielen Unterbrechungen, Videoabspielgerät und Monitor, jeweils ein Beobachtungsbogen pro TN.

➤ Verfahren:

1. Lassen Sie die ausgewählte Sequenz einmal oder mehrmals ohne Ton abspielen. Die TN raten, worum es ihrer Meinung nach geht, und erklären, wie sie zu dieser Meinung gekommen sind. Dabei geht es weniger um den Inhalt, worüber die Leute sich unterhalten, als um die Art und Weise der Beziehungen zum Thema und zueinander.
2. Lassen Sie die Sequenz ein- oder mehrmals mit Ton abspielen, und vergleichen Sie mit den TN die geratenen mit den tatsächlichen Gegebenheiten.
3. Lassen Sie Kleingruppen bilden, und verteilen Sie die Beobachtungsbögen und die unterschiedlichen Beobachtungsaufgaben. Es ist auf jeden Fall sinnvoll, die verbalen und nonverbalen Aufgaben auf verschiedene Gruppen aufzuteilen.
4. Zeigen Sie den Videoausschnitt noch einmal oder mehrmals im Hinblick auf die Beobachtungsaufgaben. In den Kleingruppen einigen sich die TN auf die Auswertungen.
5. Im Plenum tauschen die Kleingruppen ihre Ergebnisse aus. Bei Bedarf kann die Sequenz zur Verifizierung noch einmal gezeigt werden; dieses Mal sollten Sie zur Verdeutlichung Zwischenpausen einlegen.

➤ Hinweis:

Diese Art von Übung schult das Wahrnehmungsvermögen der TN. Je öfter Sie diese Art von Übung durchführen, desto geringer ist die Gefahr, daß die TN aus den betrachteten Ausschnitten Stereotype ableiten. Die Beherrschung nonverbaler Signale kennzeichnet einen kompetenten Gesprächspartner. Bitten Sie die TN, die beobachteten Ergebnisse in etwaige zukünftige Rollenspiele miteinzubauen.

Falls Sie selber keine deutschsprachigen Sendungen im Fernsehen empfangen können, fragen Sie in Ihrem Bekanntenkreis oder unter den Kollegen. Im Medienzeitalter werden Sie jemanden finden, der mit Satellitenempfang ausgestattet ist und Ihnen den Gefallen tut, eine deutschsprachige Sendung aufzuzeichnen.

(Bestellung von Film- und Bildmaterial ist auch möglich über das Goethe-Institut, Inter Nationes oder die örtliche Landesbildstelle; Adressen für Deutschland S. 96.)

Videospiele

1. Sehen Sie sich den Videoausschnitt / das Interview / den Filmausschnitt ohne Ton an.
Vermuten Sie:

- *Worum geht es in dem Ausschnitt Ihrer Meinung nach? (Thema, Situation, Ort der Handlung)*
- *Welche Beziehung haben die Leute zueinander?*
- *Welche Beziehung haben die Leute zum Thema / zur Situation / zum Ort?*

2. Sehen Sie sich das Ganze noch einmal mit Ton an und vergleichen Sie mit Ihren Vermutungen.

3. Schauen Sie sich dann den Videoausschnitt auf die unten aufgelisteten Signale hin an, und einigen Sie sich in Ihrer Gruppe auf die entsprechende Interpretation.

4. Hören Sie zu, wie die Leute in der Aufnahme sprechen. Jedesmal, wenn Sie einen der unten stehenden Ausdrücke hören, machen Sie ein Häkchen neben den Ausdruck. Ergänzen Sie weitere vergleichbare Ausdrücke, die Sie eventuell auch noch in der Sequenz hören.

Ausdrücke und Geräusche, die Aussagen bekräftigen und weiterführen beziehungsweise entkräften und unterbrechen.			
„hm“		„ja“	
„ja aber“			
„ach so“			
„ich verstehe“			
„aha“			
„wirklich“			

5. Welche der folgenden Bedeutungen messen Sie den einzelnen Reaktionen zu? Tragen Sie die passende Nummer oben hinter der jeweiligen Äußerung ein.

Die jeweilige Person möchte

1. zeigen, daß sie einverstanden ist
2. zeigen, daß sie nicht einverstanden ist
3. die Wichtigkeit des Gesagten unterstreichen
4. das Gesagte verdeutlichen
5. zum Unterbrechen ansetzen
6. zur Kritik ansetzen
7. versuchen, die Aufmerksamkeit auf sich zu ziehen.

Darüber hinaus signalisiert die Person ...

8. ______________________________
____
____

9. ______________________________
____
____

Videospiele

Schauen Sie sich den Videoausschnitt auf die unten aufgelisteten Signale hin an und einigen Sie sich in Ihrer Gruppe auf die entsprechende Interpretation.

a) Welche der folgenden Bewegungen konnten Sie wahrnehmen?

b) Welche Bedeutungen messen Sie den einzelnen Reaktionen zu? Tragen Sie die passende Nummer hinter der jeweiligen Geste ein.

Gesten, die Äußerungen bekräftigen und weiterführen oder entkräften und unterbrechen.			
Augenbrauen hochziehen		Kopf schütteln	
Augenbrauen zusammenziehen		Schulterzucken	
Augenlider flattern		heftig einatmen	
schnelle Augenbewegungen		Handbewegungen mit beiden Händen	
Nase rümpfen		Handbewegungen mit einer Hand	
Nasenflügel blähen		Oberkörper vorgebeugt	
Mundbewegungen		Oberkörper zurückgebeugt	
Kopf nicken		Beinhaltung	

Die jeweilige Person möchte

1. zeigen, daß sie einverstanden ist
2. zeigen, daß sie nicht einverstanden ist
3. die Wichtigkeit des Gesagten unterstreichen
4. das Gesagte verdeutlichen
5. zum Unterbrechen ansetzen
6. zur Kritik ansetzen
7. versuchen, die Aufmerksamkeit auf sich zu ziehen.

Darüber hinaus signalisiert die Person ...

8. ______________________________

____

____

9. ______________________________

____

____

10. ______________________________

____

____

Was ist passiert? – Mißverständnisse in der Chefetage

Thema: Kulturbedingte Kommunikationsschwierigkeiten
Zielgruppe: TN ab Grundstufe III
Ziel: Sensibilisierung für kulturbedingte Mißverständnisse bei Geschäftsverhandlungen (insbesondere Distanz, Direktheit, persönliche Fragen, Pünktlichkeit)
Aktivität: Partner- oder Kleingruppenarbeit, Arbeit mit Text

➤ Material/Vorbereitung:

Je eine Kopie an die TN, zerschnitten in Arbeitsblatt und Lösung.

➤ Verfahren:

1. Bitten Sie die TN, in Paaren oder Kleingruppen zu arbeiten. Jedes Paar oder jede Gruppe erhält Kopien des folgenden Textes ohne Auflösung. Die Aufgabe der TN ist es, Verhaltensweisen herauszufinden, die bei dem Gespräch des Deutschen mit dem Amerikaner irritierend wirken.
2. Je nach Sprachstand der TN geben Sie anschließend die „Auflösung" in die Gruppen. Bitten Sie die TN, diese zu kommentieren.
3. Fragen Sie die TN abschließend, ob sie schon einmal ähnliche Erlebnisse hatten, bei denen sie merkten, daß irgend etwas in der Kommunikation „nicht stimmte".
4. Geben Sie folgende Behauptung in die Gruppe und diskutieren Sie sie: „Wenn Sie sich verletzt, frustriert oder sogar zornig fühlen über etwas, das ein anderer gesagt oder getan hat, haben Sie ihn höchstwahrscheinlich mißverstanden."
   (Vgl. John Mole, *Euroknigge für Manager*, Campus Verlag, Frankfurt/Main 1992.)

➤ Variante:

Ohne vorherige Interpretation bitten Sie die TN, den Text dramatisch umzusetzen, d.h. als Szene zu spielen. (In Gruppen zu dritt, zwei Spieler und ein Regisseur.) Die Interpretation der einzelnen Gruppen darf ausdrücklich übertrieben werden. Die Gruppen spielen sich ihre Interpretationen gegenseitig vor und diskutieren sie. Weiter wie oben.

„Und denken Sie daran: Herrn Direktor Wolfgramms Zeit ist kostbar!"

Was ist passiert? – Mißverständnisse in der Chefetage

- *Lesen Sie den unten stehenden Text und finden Sie heraus, wodurch der Amerikaner auf den Deutschen und der Deutsche auf den Amerikaner irritierend wirken.*

Ort der Handlung: **USA, Bürozimmer in der Chefetage**

Personen: **Tom Wright, stellvertretender Leiter einer deutschen Firma in den USA, Herr Brüning aus Düsseldorf, Leiter der Firma**

Tom Wright hat seine erste Begegnung mit seinem neuen Direktor, Herrn Brüning aus Düsseldorf. Er kommt einige Minuten nach der verabredeten Zeit und klopft an die Bürotür. Brüning öffnet die Tür, schaut Wright sehr direkt und ernst an und führt ihn nach einem kräftigen Händeschütteln zu einem Stuhl.

Brüning kommt sofort zur Sache und legt Wright eine Frageliste vor, zu der er sofort und dringend Informationen bräuchte.

Wright ist überrascht von Brünings Direktheit und rückt seinen Stuhl ein paar Zentimeter nach vorne, um die Entfernung zwischen ihnen zu verringern.

Brüning steht kurz auf und betont noch mal: „Ich brauche die Informationen bis zwei Uhr!“

Er steht auf, und Wright ist damit klar, daß das Gespräch beendet ist. Wright, der immer noch versucht, einen Weg zu finden, um die Atmosphäre etwas freundlicher zu gestalten, erkundigt sich nach dem Befinden der Familie in ihrem neuen amerikanischen Heim. Brüning ist überrascht und antwortet kurz und knapp, „Danke, ganz gut ...“. Er führt Wright zur Tür.

Wright verläßt den Raum und fragt sich, was er falsch gemacht hat. Er hatte erwartet, daß die erste Begegnung länger und persönlicher verlaufen würde, daß es ein ausführliches Gespräch geben würde, in dem Brüning ihn als Stellvertreter in die Grundregeln einweisen würde. Wright ist überzeugt, daß er Brüning an einem Punkt beleidigt hat oder daß Brüning ihn nicht mag.

E.T. Hall and M.R. Hall, *Understanding Cultural Differences*, Intercultural Press Inc., Yarmouth/Maine/USA 1989.

Auflösung:

(*nach E.T. Hall und M. R. Hall:*)

Folgende Mißverständnisse und falsche Zuschreibungen sind aufgetreten: Wright war zu spät gekommen, und die Deutschen achten besonders bei vereinbarten Terminen auf Pünktlichkeit, insbesondere bei ihren Untergebenen. Wright interpretierte Brünings direktes Verhalten und seinen Sprung ins Geschäftliche als Zeichen von Ärger und Feindseligkeit; er wußte nicht, daß die Deutschen sehr direkt sein können und sofort zum Geschäftlichen kommen, ohne sich groß mit Gefälligkeiten aufzuhalten. Als Wright seinen Stuhl näher an den Schreibtisch des Chefs rückte, war Brüning tatsächlich beleidigt. Die Deutschen rücken keine Möbelstücke in dem Büro eines anderen, und da der räumliche Abstand zwischen den Gesprächspartnern sowohl bei geschäftlichen als auch bei sonstigen Interaktionen außer im privaten Bereich größer ist als bei den Amerikanern, betrat Wright in der Tat Brünings persönliches Territorium. Außerdem betrachtete Brüning Wrights Frage nach seiner Familie als zu persönlich und unpassend für eine Geschäftsbeziehung.

Tabu – ja oder nein?

Thema: Nonverbales Verhalten (Körpersprache, Mimik, Gestik, Stimme)

Zielgruppe: TN ab Grundstufe II und für Kursleiter im Ausland, denen die Gepflogenheiten des Landes (noch) nicht vertraut sind

Ziel:
1. Sensibilisierung der Lehrenden für die Körpersprache in der Lernergruppe, besonders wenn diese multinational ist
2. Wahrnehmung und Verständnis der nonverbalen Kommunikation oder der TN untereinander, besonders in multinationalen Gruppen; für den DaF-Unterricht im Zielsprachenland: Austausch von Erfahrungen mit Deutschen, Österreichern und Schweizern; für den DaF-Unterricht im Ausland: Spekulationen und Information der TN darüber, was bezüglich der nonverbalen Kommunikation im Zielsprachenland „normal" ist/sein könnte oder tabu ist

Aktivität: Kleingruppenarbeit mit Arbeitsblatt, Auswertung im Plenum

➤ Material/Vorbereitung:

Ein Arbeitsblatt pro TN. Anschrieb an Tafel, Flipchart oder OHP.

➤ Verfahren:

1. Bitten Sie die TN, sich in Kleingruppen zu dritt oder viert zusammenzusetzen. In multinationalen Gruppen sollten sich nach Möglichkeit jeweils Teilnehmer aus einer Kultur zu einer Gruppe zusammensetzen.
2. Verteilen Sie an alle TN ein Arbeitsblatt und bitten Sie die TN, dieses einzeln auszufüllen und anschließend gemeinsam zu diskutieren.
3. Machen Sie die Auswertung in der Gesamtgruppe: Sammeln Sie die Tabus, die im Herkunftsland bzw. in den Herkunftsländern gelten, und die Tabus, die in den deutschsprachigen Ländern eine Rolle spielen.

➤ Hinweis:

Bei dieser Übung sollte den TN deutlich werden, daß es - wie stets im psychosozialen Bereich - keine für alle Situationen und Rollen zutreffenden Aussagen gibt, sondern daß Bewertungen und Reaktionen von vielerlei Faktoren abhängen: von der aktuellen Kommunikationssituation, der Beziehung zwischen den Kommunikationspartnern, von individuellen Erfahrungen und vom Wertesystem etc.
Deshalb gilt für die meisten der beschriebenen Verhaltensweisen: In bestimmten Situationen geht manches, was unter anderen Voraussetzungen unmöglich ist.

Bei vier Verhaltensweisen kann man in den deutschsprachigen Ländern von Tabus sprechen:

- Öffentlich gezeigte Trunkenheit (10)
- Gespräch ohne Augenkontakt (11)
- Schmatzen beim Essen (17)
- Auf die Straße spucken (18)

Tabu – ja oder nein?

1. *Sie lesen unten 19 Beispiele für menschliches Verhalten. Diskutieren Sie in Ihrer Kleingruppe die Fragen a) und b) und markieren Sie dementsprechend.*

a) Welche Verhaltensweisen sind in Ihrem Land tabu, welche nicht?

b) Haben die Verhaltensweisen bei Ihnen eine Bedeutung? Wenn ja, welche?

2. *a) Gibt es andere Verhaltensweisen, die in Ihrem Land tabu sind?*

b) Wie ist Ihre Meinung dazu?

3. *Es gibt vier Verhaltensweisen, die in deutschsprachigen Ländern generell tabu sind beziehungsweise als unpassend angesehen werden. Finden Sie heraus, um welche es sich handelt.*

	nicht tabu	nicht direkt tabu, aber unhöflich oder ungewöhnlich	tabu
1. Jemandem auf die Schulter klopfen			
2. Sich in der Öffentlichkeit umarmen und küssen			
3. Mit viel Gestik reden			
4. Die Arme verschränken			
5. Sich laut unterhalten			
6. Mit übereinandergeschlagenen Beinen sitzen			
7. Zum Begrüßen die linke Hand reichen			
8. Die Hände in die Hüften stützen			
9. Laut streiten			
10. Betrunken auf der Straße torkeln			
11. Beim Reden dem Partner nicht in die Augen schauen			
12. Mit dem Finger auf etwas zeigen			
13. Zeigen, daß man wütend ist			
14. Jemandem den Arm um die Schultern legen			
15. Sich die Nase schneuzen			
16. Jemandem über den Kopf streichen			
17. Beim Essen schmatzen			
18. Auf die Straße spucken			
19. Ein harter Händedruck			

4. *Diskutieren Sie alle Fälle, in denen Sie mehr als eine Spalte angekreuzt haben, und besprechen Sie, unter welchen Gegebenheiten nicht tabu, unhöflich oder ungewöhnlich oder tabu zutrifft.*

Tabu – ja oder nein?

Tabu - ja oder nein (bezogen auf die deutschsprachigen Länder beziehungsweise westlich geprägte oder mitteleuropäische Länder)

1. Auf die Schulter klopfen ist in deutschsprachigen Ländern akzeptabel, wenn es bei vertrauten Personen geschieht. Es kann unter anderem Freude und Zuversicht oder Mutmachen ausdrücken. Möglicherweise weniger akzeptiert wird das joviale Schulterklopfen, besonders wenn es von einem sozial höher Gestellten an einer sozial niedriger gestellten Person geschieht (z.B. Chef/in, Untergebene/r). Auch hier ist das Vertrauensverhältnis maßgebend für die Bewertung.
2. Es ist durchaus üblich und gilt nicht als unschicklich, in der Öffentlichkeit seine gegenseitige Zuneigung zu zeigen. Die Akzeptanz des Austauschens von Zärtlichkeiten hängt vom Ort des Geschehens, vom sozialen Status, dem Alter der Person oder ähnlichem ab; volle Akzeptanz: unter Studenten oder anderen jungen Menschen (Uni-Gelände, U-Bahn etc.), weniger Akzeptanz: am Arbeitsplatz unter Kollegen, in offiziellen Gebäuden oder bei offiziellen Anlässen.
3. Die Benutzung von Gestik bei der Kommunikation sowie ihre Beurteilung/Bewertung ist individuell sehr unterschiedlich. Die Wirkung von sprachbegleitender Gestik auf andere hängt von mehreren Faktoren ab: Rasche oder hektische Gesten können einschüchternd wirken und Unruhe und Verwirrung stiften. Ruhige Gesten mit kleinen Bewegungen können den Eindruck vermitteln, daß die Person nicht auffallen will, taktvoll zurückhaltend ist und Gefühle nicht gern zur Schau stellt. Die Person kann aber auch antriebsarm wirken.
   Gestik, die mit großen Bewegungen verbunden ist, kann die Wirkung von Pathos und Dringlichkeit haben. Große, rasch ausgeführte Gebärden sind für manche Ausdruck von unbeherrschten Gefühlen, von Imponiergehabe, Großspurigkeit oder Übertriebenheit oder aber einfach Ausdruck einer lebhaften Person. Man könnte festhalten, daß die Gestik desto akzentuierter ist, je stärker die Gefühle beteiligt sind.
4. Die Gründe, die Arme zu verschränken, können so unterschiedlich wie die Wirkung auf andere sein. Diese Haltung kann eine Person einnehmen, die z.B. in einer Wartesituation ist oder aber sich vor einer anderen Person „verschanzt" oder ihr „die Ellbogen" zeigen will. So kann eine Person mit verschränkten Armen gemütlich bis bedrohlich wirken. Es hängt auch davon ab, ob die Person z.B. sitzt oder vor einem steht, ob man in einer lockeren Unterhaltung mit ihr ist oder ob ein Streitgespräch vorausgegangen ist.
5. Es gibt mehr oder weniger „lautstarke" Menschen. Eine höhere Lautstärke kann verschiedene Ursachen und unterschiedliche Wirkungen haben. Sie kann für manche bedeuten, daß jemand vital oder engagiert oder kämpferisch stark ist, angibt oder sich wichtig tut; auf ruhige Menschen kann sie aggressiv wirken. Eine laute Unterhaltung kann auf andere umso störender wirken, je ruhiger der Ort (Café, Wartezimmer) ist, in dem sie stattfindet. Auf wieder andere wirkt sie vielleicht belebend.
6. Mit übereinandergeschlagenen Beinen sitzen ist eine Haltung, die als nicht unhöflich aufgefaßt wird und deshalb wenig Aussagekraft hat. Dies gilt bei geselligen Anlässen und im Privatbereich – meist stützt man auf diese Weise nur die Wirbelsäule ab. Bei gleichzeitiger Verlagerung des Körpergewichtes nach hinten kann diese Haltung Lässigkeit, aber auch Überheblichkeit vermitteln.
7. Zur Begrüßung bedient man sich meist der rechten Hand. Die linke Hand kann man aber durchaus einer vertrauten Person reichen, wenn die rechte gerade „besetzt" ist (z.B. weil man eine Tasche in ihr trägt). Die linke Hand hat im europäischen Raum keine „unreine" Bedeutung oder eine religiöse Akzentuierung.
8. Eine Person, die die Hände in die Hüften stützt, will sich möglicherweise einfach ein wenig Luft schaffen, wenn der Tag heiß ist, oder aber die Person hat das Bedürfnis, sich selbst oder anderen

gegenüber „stark" zu machen, d.h. Stabilität und Überlegenheit zu demonstrieren. Auch bei dieser Körpersprache ist die Beziehungsebene wichtig: Wenn man im Gespräch mit einem Freund die Arme in die Hüften stützt, wird dies weniger Aussagekraft auf diesen haben, als wenn sich z.B. ein Chef vor seinen Mitarbeitern derart präsentiert.

9. Lautes Streiten in den eigenen vier Wänden: Privatsache. Laut in der Öffentlichkeit zu streiten mit einer vertrauten oder unbekannten Person (z.B. um einen Sitzplatz im Bus) kommt zwar vor, ist aber sehr unschicklich.
10. Trunkenheit in der Öffentlichkeit gilt als unwürdig und als Tabu.
11. Bei der Kommunikation mit einem (oder mehreren) Gesprächspartner(n) ist Augenkontakt üblich (= Kontakt mit den Augen schaffen). Ist dieser Augenkontakt nicht vorhanden oder blickt ein Partner den anderen beim Sprechen nicht an, so wird dies oft so interpretiert: Der andere weicht aus, ist nicht offen, ist unehrlich, hat etwas zu verbergen, hört nicht zu, ist uninteressiert, zeigt keinen Respekt. Ein guter Augenkontakt muß aber kein ständiger Kontakt sein. Man könnte sagen, daß ein guter Augenkontakt darin besteht, „daß der Zuhörer den Sprecher (fast) ständig anblickt, während der Sprecher den Zuhörer weniger häufig anschaut. Das hängt mit der Tatsache zusammen, daß wir nicht gleichzeitig intensiv nachdenken und Informationen wahrnehmen können (...)" (Birkenbihl S. 102 - 103).
12. Ein ausgestreckter Zeigefinger, der in den Raum oder auf eine Sache weist, um die Aufmerksamkeit darauf zu lenken, gehört zur alltäglichen Praxis. Mit dem Finger auf eine Person zu zeigen gilt dagegen als sehr unhöflich.
13. Es ist kein Tabu, seine Gefühle vor anderen auszudrücken, besonders, wenn diese positiv sind. Ein Wutausbruch in der Öffentlichkeit kann dagegen tiefstes Unbehagen bei einem anderen auslösen, insbesondere wenn dieser mit erhöhter Lautstärke und Schimpfwörtern verbunden ist oder wenn die anwesende Person möglicherweise den Anlaß zu diesem Wutausbruch gibt.
14. Ähnlich wie beim Auf-die-Schulter-Klopfen können die Absichten und damit die Bewertung dieses Vehaltens je nach Situation sehr unterschiedlich sein. Unter Freunden beziehungsweise sozial gleichgestellten Personen bedeutet die Geste Freundschaft, Zuneigung, Trostspenden und ähnliches; ein Chef, der einem Untergebenen den Arm um die Schulter legt, überschreitet mit dieser Geste - auch wenn sie gut gemeint ist - möglicherweise die tolerable Grenze.
15. Es ist durchaus üblich, sich in Gegenwart anderer die Nase zu schneuzen; das kann leise bis sehr laut vor sich gehen und im letzten Fall Unbehagen erzeugen. Das Naseschneuzen bei Tisch, besonders wenn es mit zuviel Geräusch verbunden ist, ist eher unschicklich und unhygienisch.
16. Das Streichen über den Kopf ist eine freundschaftliche bis liebevolle Körperberührung – vor allem gegenüber Kindern.
17. Schmatzen und Aufstoßen beim Essen gelten als äußerst unangemessen, schlecht erzogen, auch wenn das Essen noch so gut geschmeckt hat.
18. In der Öffentlichkeit spucken gilt als unhygienisch und ist ein Tabu. Die Rachen- und Mundpflege geschieht hinter einem Taschentuch.
19. Beim Händedruck gelten keine strikten Regeln. Ein harter oder weicher Händedruck hat für manche keine Aussagekraft, andere interpretieren ihn als zupakkend, normal, weich, schwammig, lasch. Die Intensität des Händedrucks gilt manchen als Charakterindiz: ein fester Händedruck = stabile Persönlichkeit, ein weicher Händedruck = labile Persönlichkeit.

Quellen:
Vera F. Birkenbihl, *Signale des Körpers*, Moderne Verlagsgesellschaft, München 1995.
Anton Stangl, *Die Sprache des Körpers*, Econ Verlag, Düsseldorf 1992.

Macht – kleingemacht

Thema: Kommunikation
Zielgruppe: TN ab Grundstufe III
Ziel: Reflexion und Erfahrungsaustausch über Kommunikationssituationen bei Behörden; Entwicklung von adäquaten Strategien sowohl im nonverbalen wie im sprachlichen Bereich
Aktivität: Erstellung eines Dialogs anhand eines Cartoons in Kleingruppen; Vortrag/Rollenspiel vor dem Plenum; Analyse und Diskussion im Plenum; Korrektur eines Dialogtextes

➤ Material/Vorbereitung:

Je eine Kopie des Arbeitsblattes mit dem Cartoon pro Kleingruppe.
Je ein Arbeitsblatt „Dialoge" pro TN.

➤ Verfahren:

1. Bitten Sie die TN, Kleingruppen zu bilden.
2. Legen Sie den Kleingruppen je eine Kopie des Arbeitsblattes mit dem Cartoon vor. Die TN verfassen in Gruppen je einen Dialog zum Cartoon.
3. Nach Fertigstellung der Dialoge lesen je zwei TN aus einigen oder allen Gruppen ihre Dialoge mit verteilten Rollen vor oder spielen den Dialog als kurzen Sketch. Stellen Sie in jedem Fall einen Tisch und einen Stuhl – wie im Cartoon – zur Verfügung. Die übrige Gesamtgruppe bekommt den Auftrag, gut zuzuhören und zu beobachten.
4. Nach der Präsentation der Dialoge fragen Sie die TN, welcher der Dialoge ihnen am besten gefallen hat oder welcher Dialog ihrer Meinung nach am besten zu dem Cartoon gepaßt hat. Fragen Sie auch nach den Gründen, warum die Rollen ihrer Ansicht nach stimmten oder auch nicht stimmten. Lassen Sie die TN hierbei einfach diskutieren und nach ihrem Gefühl oder ihren Erfahrungen argumentieren. Geben Sie selbst keinen Kommentar.
5. Verteilen Sie an die TN das Arbeitsblatt „Dialoge" und bitten Sie die TN, dieses in ihrer Gruppe zu bearbeiten.
6. Überprüfen Sie die Ergebnisse der Arbeitsgruppen in der Gesamtgruppe; die Gruppen lesen dazu ihre korrigierten Dialoge vor. Betonen Sie gegebenenfalls besonders die Notwendigkeit der Verwendung der Sie-Form in Ämtern und ähnlichen Situationen. Sie können abschließend die folgenden Informationen einfließen lassen:

   Nach einer Emnid-Umfrage drückt sich jeder zweite vor dem Gang zu einer Behörde. Dabei wurde auch festgestellt, daß den Beamten die Kunden am liebsten waren und auch bevorzugt behandelt wurden, die „kompetent" waren, Formulare richtig auszufüllen, die Amtssprache zu verstehen und zu gebrauchen. Videoaufzeichnungen und andere Befragungen zeigen: ein Postbeamter wirkt auf die Befragten umso freundlicher, auskunfts- und hilfsbereiter bzw. weniger mürrisch und stur, je mehr er seine Äußerungen mit entsprechenden Gesten veranschaulicht und je häufiger er seinen Blick dem Bürger zuwendet. (Klaus R. Scherer, Harald G. Wallbott, *Nonverbale Kommunikation*, Psychologische Verlagsunion Beltz, Weinheim 1984.)

➤ Einbettung:

„Die Beamten", in *Deutsch aktiv Neu 1C*, S. 70.

Macht – kleingemacht

A

- *Schreiben Sie einen Dialog, der zu dem Cartoon passen könnte.*
- *Bestimmen Sie, in welchem Amt sich der Dialog abspielt (z.B. Arbeitsamt, Ausländerbehörde, Polizei, Einwohnermeldeamt).*
- *Geben Sie den beiden Figuren Namen: Kunde - Herr ..., Angestellter - Herr ...*

Cartoon aus: R.Ehnert / H.Hopster, *Die emigrierte Kultur*, Peter Lang Verlag, Frankfurt/Main 1988.

Macht – kleingemacht

Dialoge

1. *Lesen Sie die vier Dialoge. Finden Sie heraus, welche Dialogteile, Sprachstile und Redewendungen nicht angebracht sind, und benennen Sie die Gründe.*
2. *Korrigieren Sie die Dialoge. Streichen Sie weg, fügen Sie hinzu oder formulieren Sie anders, so daß die Dialoge Ihrer Meinung nach stimmen.*
3. *Vergleichen Sie Ihre Ergebnisse mit den Lösungen unten.*
4. *Stellen Sie fest, ob es Unterschiede im Kommunikationsverhalten zu Ihrem Herkunftsland gibt.*

Im Fundbüro. Kunde: Herr Özdemir (Ö); Angestellter: Herr Nagel (N)

Dialog I

Ö: Guten Tag. Wie geht's?
N: Danke, gut.
Kann ich Ihnen helfen?
Ö: Ja, bitte. Ich habe gestern meinen Regenschirm in der U-Bahn vergessen.
N: Na, dann wollen wir mal sehen.

Dialog II

N: Ja, bitte?
Ö: Ich habe meinen Schirm in der U-Bahn vergessen, weißt du?
N: Wann war das, in welcher Linie bist du gefahren?
Ö: Das war nachmittags, und ich glaube, es war in der Linie 1.

Dialog III

Ö: Guten Tag.
N: Was wollen Sie?
Ö: Gestern habe ich meinen Schirm in der U-Bahn stehenlassen.
N: Jetzt sagen Sie mir mal die Linie und die Uhrzeit.
Ö: So ganz genau weiß ich das nicht. Zwischen drei und vier, und wahrscheinlich in der Linie 8.

Dialog IV

N: Guten Tag, was kann ich für Sie tun?
Ö: Ja also, das war so. Ich wollte gestern zu einem Freund fahren. Und da es regnete, habe ich meinen Schirm mitgenommen, und den habe ich dann in der U-Bahn gelassen.
N: Aha, wann und mit welcher Linie sind Sie denn gefahren?
Ö: Da der Freund ja in der Mozartstraße wohnt, habe ich die Linie 1 genommen und bin dann in die Linie 8 umgestiegen. Ich bin so gegen zwei Uhr aus dem Haus gegangen. Dann war das wohl gegen drei bis vier Uhr.

Lösungen:

Zu Dialog I
Es ist nicht angebracht, daß der Kunde den Angestellten nach seinem Befinden fragt.
Streichen: *Wie geht's?* und *Danke, gut.*

Zu Dialog II
Die Du-Form ist auf beiden Seiten nicht möglich.
Streichen: *weißt du*; Ersetzen: *bist du* durch *sind Sie.*

Zu Dialog III
Der Ton des Beamten ist sehr unhöflich und ungeduldig.
Ersetzen: *Was wollen Sie?* durch *Was möchten Sie bitte?*

Zu Dialog IV
Der Kunde braucht viel zu lange, um zur Sache zu kommen. Er sollte ähnlich wie bei den anderen Dialogen schnell sein Anliegen vorbringen.

Am schönsten war Sport

Thema: Erinnerungen an den eigenen Schulunterricht
Zielgruppe: TN ab Grundstufe II
Ziel: Austausch von persönlichen Erfahrungen mit Schule, Schulfächern, Schüler- und Lehrerverhalten; Reflexionen über Lernmotivation und Lernleistung
Aktivität: Einzelarbeit, Gruppenarbeit

➤ Verfahren:

1. Erstellen Sie mit den TN eine Liste von Unterrichtsfächern an der Tafel, auf dem OHP oder am Flipchart.

   Beispiel für eine Fächerliste:

(Fremdsprache)	(Muttersprache)	Mathematik	Erdkunde	Handarbeit
Biologie	Musik	Physik	Religion	Philosophie
Informatik	Bildende Kunst	Chemie	Werken	Sport
Geschichte	Latein	Sozialkunde	Literatur	

2. Bitten Sie die TN, innerhalb eines vorgegebenen Zeitraums (in etwa drei bis fünf Minuten) aus dieser Liste das Fach herauszusuchen, das sie am liebsten mochten, und diese Vorliebe zu begründen (sie sollten möglichst drei Gründe nennen).
3. Lassen Sie danach alle überlegen, welches Fach sie am wenigsten mochten, und wieder drei Gründe dafür formulieren.
4. Anschließend suchen die TN durch Herumgehen in der Großgruppe andere TN, die die gleichen Fächer wie sie selbst ausgewählt haben. Diese befragen sie nach ihren Gründen dafür und erstellen dabei folgende Liste mit den Gesprächspartnern:

Gründe, ein Fach zu mögen	Gründe, ein Fach nicht zu mögen

5. Anschließend tragen die TN ihre Ergebnisse in der Großgruppe vor. Machen Sie die Auswertung der Übung auf der Grundlage folgender Fragen:
   - Sind die Gründe für die Beurteilung von Fächern eher personenbezogen, handlungsbezogen (z.B. Art des Unterrichts) oder fachbezogen?
   - Können die TN bestimmte generelle Regularitäten für die fehlende oder vorhandene Lernmotivation feststellen? Weisen Sie an diesem Punkt die TN darauf hin, wie sehr die Lernmotivation und Lernleistung auch von der Lernatmosphäre abhängt.
6. Lassen Sie hierzu die TN nochmals in den alten Gruppen sammeln, was ihnen persönlich für das Lernen im Unterricht angenehm und wichtig ist: Atmosphäre, Lehrer- und Mitschülerverhalten, Unterrichtsform, Sitzordnung etc. Da die Punkte in der Gruppe gesammelt werden, bleiben die einzelnen TN mit ihren Wünschen und eventueller Kritik an der Lehrperson anonym, was ein realistischeres Bild ermöglichen könnte. Es lassen sich hier bei Bedarf auch die verschiedenen Lernstrategien der TN sammeln und diskutieren.
7. Sammeln Sie dann im Plenum die Ergebnisse aus der Gruppenarbeit und diskutieren Sie diese mit den TN.

Am schönsten war Sport

➤ **Variante:**

Szenisches Spiel in Kleingruppen und in der Gesamtgruppe:

1. Bitten Sie die TN, zu dritt oder viert folgende Aufgaben durchzuführen:
   a) eine typische Situation aus der Schulzeit, an die sie sich gerne erinnern, pantomimisch darzustellen, als Sketch zu spielen oder einfach zu berichten;
   b) eine typische unangenehme Situation zu berichten, als Sketch zu spielen oder als Dialog vorzutragen. Die TN können dabei entweder eine typische Situation, die sie alle in ihrer Kleingruppe so oder ähnlich erfahren haben, oder ein interessantes Erlebnis eines einzelnen Gruppenmitglieds wählen.
2. Vor der Gesamtgruppe spielen die Gruppen, die Lust dazu haben, ihre Szene vor.
3. Sie (oder die TN) halten danach die positiven oder negativen Eindrücke, die die TN mitteilen, an Flipchart oder Tafel fest.

➤ **Einbettung:**

Die Übung eignet sich als Einstieg in das Thema *Schulsystem.*

➤ **Hinweis:**

Die Übung gibt Ihnen auch Hinweise über die Lernstrategien Ihrer TN.

Persönliche Lehrmeister

Thema: Persönliche Lernerfahrungen
Zielgruppe: TN ab Grundstufe III
Ziel: Positive Grundeinstellung zum Lernen finden; Verdeutlichung der kulturspezifischen und individuellen Unterschiede in den Vorerfahrungen beim Lernen
Aktivität: Arbeit in Kleingruppen über persönliche Erlebnisse

➤ Verfahren:

1. Lassen Sie die TN Kleingruppen bilden, in denen sie über eigene bedeutsame Lernerlebnisse und -erfahrungen sprechen. Themenvorschläge, die an Tafel oder Flipchart oder auf dem OHP präsentiert werden:
   a) Von welchem Freund / welcher Freundin oder anderen Personen habe ich viel gelernt?
   b) Welche Lehrperson (Professor/in) hat mich aus welchen Gründen sehr beeinflußt?
   c) Welche/r Autor/in hat mir einmal viel bedeutet?
   d) In welchem Abschnitt meiner Schulzeit habe ich besonders viel gelernt? Warum?
   e) In welcher Periode meines Lebens habe ich am meisten gelernt? Warum?
2. Die TN durchlaufen bis zu drei Gesprächsrunden, je nachdem, wie intensiv ihr Austausch verläuft. In jeder Runde wird jeweils nur eines der oben genannten Themen behandelt. Es ist möglich, daß sich nach jeder Runde neue Kleingruppen bilden. Entscheiden Sie dies je nach Situation und Gruppe.
3. Nach dem Erfahrungsaustausch entscheidet die Gruppe in jeder Runde darüber, welche Erlebnisse so interessant sind, daß sie anschließend in der Großgruppe wiedergegeben werden sollten, entweder durch den Erzähler selbst oder von einem der Zuhörer in indirekter Rede. Die Großgruppe kann dazu Fragen stellen.

➤ Einbettung:

Mögliche Vor- oder Anschlußübung: „Was für ein Wahrnehmungstyp“, S. 75, oder „Am schönsten war Sport“, S. 71.

➤ Hinweis:

Die Thematisierung positiver Lernerfahrung im Unterricht soll eventuell vorhandene Lernblockaden auflösen und ist Bestandteil z.B. des suggestopädischen Unterrichts.

Kim – Spiel

Thema: Ländertypische Gegenstände; Merkstrategien
Zielgruppe: TN ab Grundstufe I
Ziel: Gegenstände beschreiben und Ursprungsländern zuordnen
Aktivität: Diskutieren von Lernstrategien

➤ Material/Vorbereitung:

Sammeln Sie ungefähr zwanzig Haushaltsgegenstände, die sich, wenn möglich, ziemlich eindeutig unterschiedlichen Ländern zuordnen lassen, z.B. Verpackungen, Glasflaschen, Blechdosen, Radiergummi, Salzstreuer, Espressokanne, Schlüssel, Christbaumschmuck, Zündhölzer, Kartoffelstampfer etc.

➤ Verfahren:

1. Ordnen Sie diese Gegenstände auf einem Tisch an und decken Sie ein Tuch darüber.
2. Heben Sie das Tuch für eine Minute, in der alle Zeit haben, sich die Gegenstände zu merken. Die TN sollten die Gegenstände in der Zielsprache benennen können.
3. Decken Sie die Gegenstände wieder zu und lassen Sie jeden TN für sich allein die erinnerten Gegenstände aufschreiben.
4. Klären Sie, wer sich an die meisten Gegenstände erinnert, und merken Sie sich diese Person. Geben Sie den TN noch einmal eine Minute zum Verbessern und Vervollständigen.
5. Lassen Sie jetzt die Ergebnisse an der Tafel sammeln und mit den Gegenständen auf dem Tisch vergleichen.
6. Erfragen Sie, wie der erfolgreichste TN nach dem ersten Durchgang es geschafft hat, beim Erinnern so erfolgreich zu sein. Sammeln Sie weitere Behaltensstrategien, die die TN kennen beziehungsweise mit denen sie gute Erfahrungen gemacht haben.
7. Lassen Sie die TN die Gegenstände ihren Ursprungsländern zuordnen.

➤ Variante 1:

Verändern Sie die Anordnung der Gegenstände und geben Sie als Idee/Behaltensstrategie: „Versuchen Sie, entweder sich selber ganz klein zu machen oder den Tisch und die Gegenstände ganz groß, so daß Sie in Ihrem Geist durch die Gegenstände durchlaufen können. Zeichnen Sie anschließend die Lage der Gegenstände zueinander auf. Vergleichen Sie die Behaltensleistung mit derjenigen bei der ersten Übung". Weitere Frage: „Wie war die Erfahrung, wie haben Sie sich bei der Imagination gefühlt?"

➤ Variante 2:

Alle TN nehmen sich unter der Abdeckung einen Gegenstand hervor, ohne daß die anderen sehen, welchen. Jeder beschreibt seinen Gegenstand eventuell unter folgenden Gesichtspunkten: Verwendungszweck, Materialbeschaffenheit, Form, Größe, etc. Die anderen raten den Gegenstand. Das Raten kann unterschiedlich gestaltet werden:

- durch Erfragen der TN, z.B.: „Ist es aus Metall?"
- durch Vorgaben des „Besitzers", in der Art des Teekesselspiels, z.B. „Mein Gegenstand ist aus Metall."

Hier kann auch ein Gewinner ermittelt werden: entweder der, der die meisten oder der, der die wenigsten Fragen auf sich vereinigt.

➤ Hinweis

Kim-Spiele stammen ursprünglich aus einem Roman von Rudyard Kipling. Dieses Spiel ist hier erweitert um die Aufdeckung von Lernstrategien und um die Zuordnungsmöglichkeit der Gegenstände zu ihren Ursprungsländern.

Was für ein Wahrnehmungstyp?

Thema:	Unterschiedliche Wahrnehmungstypen
Zielgruppe:	TN ab Grundstufe II
Ziel:	Selbsterfahrungsübung zum Erkennen des eigenen Wahrnehmungstyps; Förderung der Selbstverantwortung für den eigenen Lernprozeß
Aktivität:	Paararbeit: Diktieren von Wörtern

➤ **Material/Vorbereitung:**

Je eine Wortliste pro TN (Wortliste A und B zerschneiden).

➤ **Verfahren:**

1. Bitten Sie die TN, Paare zu bilden.
2. Verteilen Sie die Kopien an die jeweiligen Partner, so daß ein/e Partner/in Liste A erhält, der/die andere Liste B.
3. Erklären Sie den TN kurz, worum es in dieser Übung geht: Jeder Mensch nimmt seine Umwelt auf eine individuelle Weise wahr und verarbeitet seine Wahrnehmung nach einem persönlichen System. Wir alle nehmen laufend Informationen mit unseren fünf Sinnen auf. Man kann häufig feststellen, daß wir unterschiedliche Wahrnehmungskanäle bevorzugen. Wenn die TN für sich selbst feststellen möchten, ob sie bestimmte Wahrnehmungsorgane bevorzugen, d.h. zu einem bestimmten Wahrnehmungstyp gehören, kann die folgende Übung einen Hinweis darauf geben.
   Für manche TN kann es das Vokabellernen vereinfachen, wenn sie neu gelernte Wörter einer der fünf Rubriken zuordnen und somit das Wort mit einer sinnesspezifischen Assoziation verknüpfen.
4. Jeder TN erstellt für sich die folgenden Rubriken:

sehen	hören	schmecken	fühlen	riechen

5. Anschließend lesen sich die Partner nacheinander die Wörter aus der Liste A beziehungsweise dann aus Liste B vor. Löst das gerade gehörte Wort bei TN 1 als erstes eine visuelle Assoziation aus, schreibt TN 2 es in die Rubrik „sehen". Löst das Wort als erstes eine auditive Assoziation aus, wird es in die Rubrik „hören" eingetragen.
6. Im Anschluß daran vergleichen die Paare ihre Listen mit denen anderer Paare.
7. Anschließend Vergleich in der Großgruppe. Achten Sie darauf, ob es TN mit stark ausgeprägten Schwerpunkten auf bestimmten Wahrnehmungskanälen gibt. Dies kann Ihnen Hinweise auf vorhandene Lernstile in der Gruppe geben.
   Sie können die TN auch auffordern, ein Wort, das sie bisher eher über das Hören aufgenommen und gelernt haben, einmal zu riechen etc. Das kann zur Erweiterung unserer Wahrnehmungsgewohnheiten beitragen.

Was für ein Wahrnehmungstyp?

➤ **Variante:**

Diese Übung wird die Unterschiede in den Wahrnehmungsstrategien der einzelnen TN zeigen. Im Anschluß fragen Sie die TN, ob und wieweit sie über ihre Wahrnehmungsart schon einmal reflektiert und eventuell Strategien zum effektiven Lernen entwickelt haben.

Bitten Sie die TN, sich beim Lernen in nächster Zeit besonders zu beobachten und das Lernverhalten entsprechend darauf einzustellen:

- Reicht es mir, ein Wort zu hören, um es zu behalten?
- Schreibe ich am liebsten alles auf?
- Lerne ich am besten, wenn ich dabei herumgehe?
- Lerne ich am liebsten bei Musik?
- Kann ich mich gut konzentrieren, wenn ich von verschiedenen Geräuschen umgeben bin?

➤ **Hinweis:**

Wenn Sie die Wörter durch andere ersetzen möchten, sollten Sie darauf achten, daß diese möglichst unterschiedliche Sinne ansprechen, und zwar auf beiden Listen in etwa gleicher Verteilung. Sie können die Übung auch als Paar-Diktatübung verwenden, indem der/die andere Partner/in die Wörter in die Rubriken einträgt.

➤ **Quelle:**

Die Arbeit mit Repräsentationssystemen entstammt dem NLP (Neurolinguistisches Programmieren). Für diese Übung danken wir Helga Pfetsch und Gail Haidenhain.

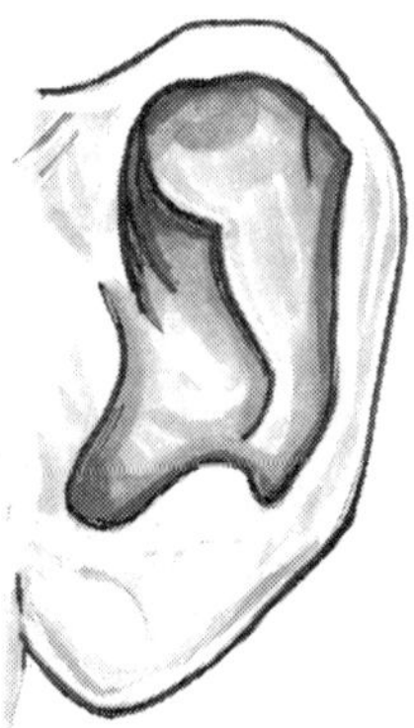

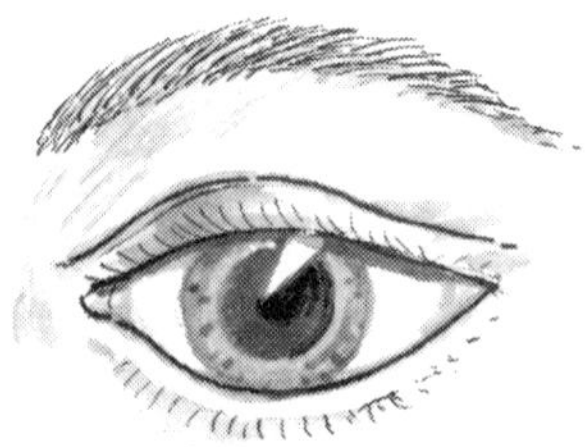

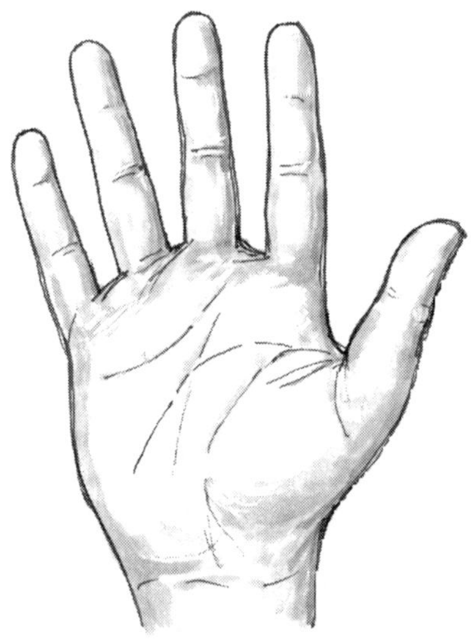

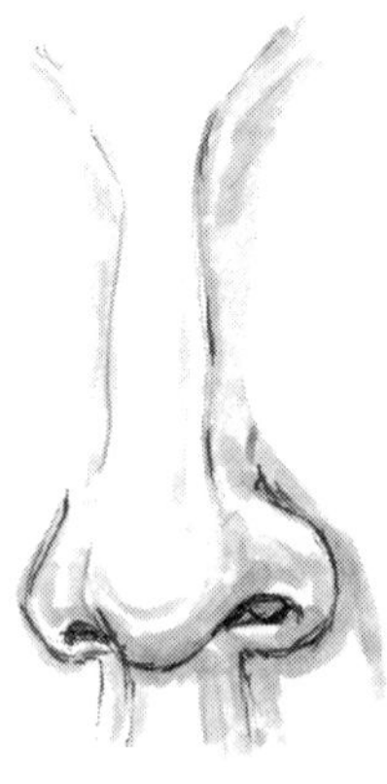

A *Was für ein Wahrnehmungstyp?*

1. *Nehmen Sie ein Blatt Papier und tragen Sie darauf fünf Rubriken mit den Überschriften nebeneinander ein: sehen/hören/schmecken/fühlen/riechen.*
2. *Lesen Sie Ihrem Partner oder Ihrer Partnerin nacheinander die unten aufgeführten Wörter vor und lassen Sie sich jeweils die allererste Assoziation dazu nennen: Hört, sieht, fühlt, schmeckt oder riecht er/sie das Wort?*
3. *Tragen Sie das Wort in die entsprechende Rubrik auf Ihrem Blatt ein. Am Ende der Übung zählen Sie die Wörter in den Rubriken und vergleichen Ihre Ergebnisse mit denen in anderen Gruppen.*

Liste A

Wind
Schuhe
Lehrer
Ball
Wörterbuch
Handschuhe
Radio
Kuli
Wein
Theater
Springbrunnen
Kartoffeln
Bäckerei
Beethoven
später Abend
Katze
Zitrone
Rose
Sonne
Jeans

Was für ein Wahrnehmungstyp? A

1. *Nehmen Sie ein Blatt Papier und tragen Sie darauf fünf Rubriken mit den Überschriften nebeneinander ein: sehen/hören/schmecken/fühlen/riechen.*
2. *Lesen Sie Ihrem Partner oder Ihrer Partnerin nacheinander die unten aufgeführten Wörter vor und lassen Sie sich jeweils die allererste Assoziation dazu nennen: Hört, sieht, fühlt, schmeckt oder riecht er/sie das Wort?*
3. *Tragen Sie das Wort in die entsprechende Rubrik auf Ihrem Blatt ein. Am Ende der Übung zählen Sie die Wörter in den Rubriken und vergleichen Ihre Ergebnisse mit denen in anderen Gruppen.*

Liste B

Wecker
gemahlener Kaffee
Abendkleid
Nachrichten
Rockmusik
Schule
Eisenbahn
Käse
U-Bahn-Station
Mozart
Turnunterricht
Hund
Teppich
Meer
Seife
Computer
Sessel
Tafel
Gedicht
Wolle
Messer

Lerntagebuch: „Zwischen den Kulturen“

Thema: Bewußtmachen des eigenen Lernprozesses im Unterricht
Zielgruppe: TN ab Grundstufe II
Ziel: Sich vergewissern und Speichern der eigenen Lernergebnisse; erste Schritte in Richtung „autonomes Lernen“
Aktivität: Fünf- bis zehnminütige Einzelarbeit am Ende von Unterrichtseinheiten

➤ **Material/Vorbereitung:**

Eine Kopie des Arbeitsblattes pro TN.

➤ **Verfahren:**

1. Reservieren Sie jeweils am Ende einer Kurssitzung, eines Unterrichtstages oder einer Unterrichtswoche fünf bis zehn Minuten des Unterrichts für die Beschäftigung der TN mit ihrem persönlichen Lerntagebuch.
2. Erklären Sie den TN beim ersten Mal das Ziel dieser Beschäftigung und sichern Sie das sprachliche Verständnis der Fragen auf dem folgenden Arbeitsblatt.
   Die Übung bewirkt bei den TN, daß sie sich den Unterrichtsverlauf noch einmal vergegenwärtigen, und fördert damit die bessere Speicherung des Gelernten. Wichtig ist, daß die Wiederholung in einer Ruhephase stattfindet, d.h., in diesen letzten Minuten soll die Aufmerksamkeit nicht wie sonst durch die Verarbeitung neuer Wahrnehmungen beansprucht werden, sondern frei sein für den nochmaligen Durchgang durch das neu Erworbene.
3. Leise Entspannungsmusik kann den Effekt unter Umständen noch verstärken und bei steter Wiederholung Signalcharakter für diese Phase erhalten, d.h., allein das Anstellen der Musik bewirkt, daß die TN wissen: Wir können jetzt in Ruhe den Lernstoff noch einmal für uns selbst wiederholen.

➤ **Hinweis:**

Wir haben die Erfahrung gemacht, daß die TN diese Phase einfordern, wenn wir sie einmal vergessen, da sie als sehr angenehm empfunden wird. Bitte beachten Sie: Das Lerntagebuch ist ein persönliches Tagebuch jedes TNs, bei dem es um den persönlich empfundenen Lernfortschritt geht und nicht darum, ob die Lernstrategien richtig oder falsch sind. Ihre Einmischung sollte deshalb nur auf Wunsch des TNs erfolgen.

Lerntagebuch: „Zwischen den Kulturen"

1. Was hat Ihnen heute besonders gut gefallen?

2. Was hat Sie heute überrascht?

3. Haben Sie sprachliche Mittel kennengelernt, die Sie sich auf jeden Fall merken wollen?

4. Haben Sie etwas Neues über Land und Leute erfahren, das Sie interessiert?

5. Haben Sie irgendeine Strategie dazugelernt in bezug auf Verhalten, Kommunikation, Lernen ...?

Was „gemütlich" ist

Thema: Gemütlichkeit
Zielgruppe: TN ab Grundstufe III
Ziel: Brainstorming zu Wortfeldern und Assoziationen zum Thema; Vergleichen der unterschiedlichen Vorstellungen von *Gemütlichkeit*; Begriffserklärung an den Bespielen eines Gedichts einer deutschen Autorin; Artikulieren von Bedürfnissen und Wünschen; Verfassen eines Textes zum Thema
Aktivität: Kreative Textarbeit in Kleingruppen

➤ Material/Vorbereitung:

Eine Kopie des Gedichtes pro TN, diverse Filzstifte, ein großer Bogen Papier (ca. 1,50 x 1,50 m).

➤ Verfahren:

1. Vorübung
   - Klären Sie die Bedeutung des Begriffs *Gemütlichkeit* und fragen Sie bei multinationalen Gruppen, ob es einen vergleichbaren Begriff in den jeweiligen Herkunftssprachen gibt.
   - In Form eines Brainstormings sammeln Sie beziehungsweise die TN alles, was Ihnen zum Thema einfällt. Sie können dazu einen großen Bogen Papier auf dem Boden auslegen, und die TN machen ihre Eintragungen mit Filzstiften jeweils in die Felder „Wortfeld" und „freie Assoziation" wie z.B. hier auf der Illustration:

Was „gemütlich" ist

2. Händigen Sie den TN je eine Kopie des Arbeitsblatts auf S. 82 aus. Bitten Sie die TN, das Gedicht still zu lesen. Geben Sie gegebenenfalls Hilfen.
3. Bitten Sie die TN, sich in Kleingruppen (drei bis vier Personen) zusammenzusetzen und die Aufgaben auf dem Arbeitsblatt zu lösen.
4. Bitten Sie die TN anschließend, ein ähnliches Gedicht zu verfassen (durch die Infinitivkonstruktion sprachlich einfach zu realisieren).
5. In der Gesamtgruppe tragen die einzelnen Gruppen ihre Gedichte vor.
6. Diskutieren Sie anschließend mit den TN:
   - Welche als *gemütlich* aufgezählten Dinge im Gedicht von R. Fröhlich sind den TN vertraut beziehungsweise wurden auch von ihnen in ihren eigenen Gedichten erwähnt?
   - Welche als *gemütlich* empfundenen Dinge sind den TN eher fremd?

➤ Einbettung:

Die Übung kann im Anschluß an die Übung „Neujahr und andere Feste" oder als Vorübung dazu eingebettet werden.

➤ Hinweis:

TN im Zielsprachenland haben durch Beobachtungen sicher bereits ihre eigenen Vorstellungen zum Thema *Gemütlichkeit*; bei Unterricht im Ausland ermuntern Sie die TN zum Spekulieren, oder Sie stellen diverses Anschauungsmaterial zur Verfügung (Postkarten, Fotos aus Zeitschriften u.ä.), aus denen die TN das heraussuchen, was sie am engsten mit „deutscher Gemütlichkeit" verbinden.

Quelle: Roswitha Fröhlich in: H. H. Gelberg (Hrsg.), *Menschengeschichten. Drittes Jahrbuch der Kinderliteratur*, Beltz Verlag, Weinheim 1975.

A

Was „gemütlich“ ist

- *Diskutieren Sie in der Gruppe:*

1. *Handelt es sich bei dem vorliegenden Text um ein Gedicht oder eine Umfrage?*
2. *Was sind das für Situationen, die im Gedicht geschildert sind?*
3. *Haben die Situationen etwas Gemeinsames?*
4. *Was ist es, das die „Gemütlichkeit“ ausmacht?*
5. *Gibt es Formen von „Gemütlichkeit“, die Sie wiedererkennen, die Sie als Kind auch so empfanden?*
6. *Wie hat sich der Begriff „Gemütlichkeit“ seit Ihrer Kindheit für Sie geändert?*

Umfrage: Was „gemütlich“ ist

In einem Zelt sitzen, wenn es draußen regnet.
Abends im Bett liegen und von ferne hören,
wie sich die Eltern unterhalten.
Ein bißchen krank sein, und die Mutter
bringt einem das Frühstück.
Krank sein und was mitgebracht kriegen.
Im Winter von draußen in ein warmes Zimmer kommen.
Mit jemandem im Bett liegen.
Wenn alle im Zimmer sind und sich nicht zanken.
Im Sommer unter einem Baum liegen,
und die Fliegen summen.
Auf dem Klo sitzen und Mickymaus-Hefte lesen.
Im dunklen Zimmer liegen,
wenn noch alle andern auf sind,
und durch den Türspalt das Flurlicht sehen.

Roswitha Fröhlich

Die Familie

Thema: Familie

Zielgruppe: TN ab Grundstufe III

Ziel: Vergleich der persönlichen, auch kulturell bedingten Einstellung der TN zur Familie und erste Ansätze zur Analyse der Situation der Familie in Deutschland; Verwendung von geeigneten Redemitteln zur Diskussion

Aktivität: Vier-Ecken-Diskussion in Kleingruppen, Auswertung im Plenum, Einzelarbeit mit Arbeitsblatt, Arbeit mit Zeitungstexten

➤ Material/Vorbereitung:

Vier Schilder mit den Aufschriften:

verheiratet, 1 Kind	*verheiratet, ohne Kind*
Single oder alleinerziehend	*verheiratet, viele Kinder*

Je eine Kopie des Arbeitsblattes pro TN.

➤ Verfahren:

1. Fertigen Sie die obigen Schilder an und hängen Sie diese in vier Ecken des Raumes auf.
2. Teilen Sie die Gesamtgruppe in vier Kleingruppen.
3. Bitten Sie die Gruppen, sich gleichmäßig auf die vier Ecken zu verteilen. Sie sollen nun versuchen, sich in den auf „ihrem" Schild angegebenen Familienstatus zu versetzen und in der Gruppe Vor- und Nachteile dieses Status zu diskutieren.
4. Nach jeweils fünf Minuten wandert jede Gruppe zum nächsten Schild in Uhrzeigerrichtung, also in die nächste Ecke, so lange, bis sie alle vier Ecken durchwandert hat.
5. Bitten Sie dann Ihre TN, sich einzeln in ihre jeweilige Wunschecke zu begeben. In den Ecken erklären sich die TN gegenseitig die Gründe für ihre Entscheidung.
6. Im Plenum werden anschließend die Argumente der TN für die vier Lebensformen an der Tafel oder auf einem großen Stück Papier zusammengetragen.
7. Lassen Sie die TN Kleingruppen bilden und verteilen Sie das Arbeitsblatt.
8. Die TN tauschen anschließend ihre Erfahrungen aus ihrem Herkunftsland / aus ihren Herkunftsländern in der Gesamtgruppe aus.

➤ Einbettung:

Diese Übung eignet sich - unter anderem wegen der Verwendung von Redemitteln zur Diskussion - im Zusammenhang mit der Übung „Alle wollen etwas anderes" auf S. 85.

1. Lesen Sie zu Ihrer Information den ersten Text.
2. Äußern Sie, bevor Sie den zweiten Text lesen, Vermutungen für die Gründe, die zu der Entwicklung von Kleinfamilien in Deutschland führen (z.B. Familiengröße – Familienpolitik).
3. Lesen Sie den zweiten Text und vergleichen Sie Ihre Vermutungen mit dem Textabschnitt.
4. Stellen Sie Vergleiche zur Einstellung gegenüber dem Familienstatus in Ihrem Land an. Gibt es Ihrer Meinung oder Ihres Wissens nach Unterschiede (z.B. in der Familienpolitik, im Rollenverständnis von Mann und Frau und ähnlichem)?

Familien werden Randgruppen

Ehen mit zwei und mehr Kindern in Städten immer seltener

STUTTGART, 28. Mai (dpa). Familien mit Kindern werden in den Metropolen der Bundesrepublik nach Darstellung des Soziologen Professor Hans Bertram zunehmend zu "marginalen Randgruppen". So machten nach einer neuesten Untersuchung Familien mit zwei Kindern in München nur noch vier Prozent der Stadtbevölkerung aus, sagte Bertram am Donnerstag vor der Kinder-Enquetekommission des baden-württembergischen Landtags in Stuttgart. Ähnliches gelte auch für Berlin, Hamburg und das Ruhrgebiet. Ein-Kind-Familien sind laut Bertram, der an der Berliner Humboldt-Universität lehrt, "im erheblichen Unfang scheidungsgefährdet", besonders wenn sie in Großstädten lebten. Daher gebe es in den Großstädten auch besonders viele Alleinerziehende mit einem Kind. Sie machten in Berlin 35 % der Bevölkerung aus.

aus: *Frankfurter Rundschau*, 29. Mai 1993

Derzeit sind Kinderbetreuung und Berufstätigkeit kaum miteinander zu vereinbaren, wenn nicht ein Elternteil ganz oder zumindest zeitweise auf eine Berufstätigkeit verzichtet. Nur für 3,8 Prozent der Kinder unter drei Jahren gibt es in den alten Bundesländern Betreuungsplätze in Kinderkrippen. Im Vergleich zum europäischen Ausland ist die Bundesrepublik Deutschland in dieser Hinsicht geradezu soziales Entwicklungsland (Dänemark 44 Prozent, Belgien und Frankreich 20 bis 25 Prozent, Niederlande immerhin 9 Prozent). In der DDR standen für 84 Prozent aller Kinder Betreuungsplätze bereit. Die Tendenz ist fallend: Kinderkrippen werden in den neuen Bundesländern jetzt eher ab- als aufgebaut.
Kindergartenplätze für die Drei- bis Sechsjährigen sind teuer und rar. Der Rechtsanspruch darauf ist zwar für 1996 festgeschrieben, doch die Finanzierung ist höchst unsicher.
Im Gegensatz zu fast allen europäischen Nachbarländern ist die Schule in Deutschland keine Ganztagsschule, sie setzt voraus, daß ein Elternteil im Haus anwesend ist. Hortplätze gibt es nur für 4,4 Prozent aller Sechs- bis Zehnjährigen. Arbeitende Eltern müssen normalerweise um acht Uhr morgens am Arbeitsplatz sein, die Kinder um acht in der Schule. Im allmorgendlichen Berufsverkehr ist das kaum zu organisieren. Ein unvermutetes Hitzefrei im heißen Sommer wirft alle elterlichen Betreuungspläne durcheinander. Windpocken in der Klasse werden zur Katastrophe.Für die Überwachung der Schulaufgaben setzen die Lehrer auf die Eltern.
In der Praxis ist dies vor allem für Mütter ein Problem. In aller Regel sind sie es, die ihren Beruf aufgeben, einige Jahre aussetzen oder ihre Arbeitszeit reduzieren. Das führt zu einem drastischen Einkommensverlust. Statistiker haben errechnet, daß eine Hochschulabsolventin, die ihren Beruf zehn Jahre lang nicht ausübt, einen Einkommensverlust von rund 800 000 Mark hinnehmen muß, bei einer Frau mit Hauptschulabschluß sind es immer noch rund 430 000 Mark. „Die Übernahme der Erziehungsaufgaben ... ist für Frauen mit einem ökonomischen Nachteil verbunden, der, wenn er den Beteiligten wirklich zahlenmäßig bewußt wäre, vermutlich zu einer noch stärkeren Ablehnung der traditionellen Frauenrolle in der Familie führen würde“ (Fuchs). Das Erziehungsgeld von 600 Mark im Monat für die ersten zwei Jahre der Kinderbetreuung kann das nicht ausgleichen.
Die Nachteile, die kinderbetreuende Eltern (meist Frauen) hinzunehmen haben, setzen sich fort und wirken sich bis zu den Renten aus. Nach einer Statistik des Verbandes Deutscher Rentenversicherungsträger von 1992 betrug der durchschnittliche Rentenbetrag in der Arbeiterrentenversicherung 1664,47 Mark für Männer und 421,22 Mark für Frauen.

aus: *Die Zeit*, 11. September 1994

Alle wollen etwas anderes

Thema: Gesellschaft: Kinder und Jugendliche
Zielgruppe: TN ab Mittelstufe
Ziel: Simulation einer Podiumsdiskussion zum Thema *Erziehung* beziehungsweise zum Umgang mit Kindern und Jugendlichen; Berücksichtigung verschiedener Sichtweisen; Pro und Contra in einer Podiumsdiskussion
Aktivität: Gruppenaktivität

➤ Material/Vorbereitung:

Das Arbeitsblatt so zerschneiden und kopieren, daß jede Gruppe einen anderen Text und die beiden darüberstehenden Arbeitsaufträge bekommt. Ein Informationstext für die Moderation. Je eine Kopie des Arbeitsblattes „Redewendungen" pro TN.

Räumliche Gestaltung: Ein Podium mit entsprechender Stuhlzahl und ein „Zuschauerraum" mit entsprechender Anzahl von Stühlen im Halbkreis.

➤ Verfahren:

1. Vorarbeit zur Podiumsdiskussion: Die TN bilden vier gleichgewichtige Gruppen (mindestens drei TN pro Gruppe, nach oben offen). Die Moderation für die Podiumsdiskussion können Sie selbst oder ein oder zwei TN übernehmen.
2. Verteilen Sie pro Gruppe die Texte 1 bis 4 und pro TN eine Kopie des Arbeitsblattes „Redemittel". Der Moderator oder die Moderatorin erhält den Informationstext 5.
3. Jede Gruppe hat dann die Aufgabe, in der geforderten Rolle den Standpunkt „ihres" Textes zu vertreten und über die Anhaltspunkte im Text hinaus weitere Gesichtspunkte und Argumente zu sammeln und zu entwickeln, die den Standpunkt aus dem Text stärken. Die Gruppen formulieren dann mit Hilfe des Arbeitsblattes „Redemittel" zwei bis drei kurze Stellungnahmen. Die vier Gruppen bestimmen jeweils einen Vertreter, der ihre Arbeitsergebnisse auf dem Podium vertritt.
4. Der Moderator nimmt auf dem Podium Platz und bittet die gewählten Vertreter aus den Gruppen auf das Podium. Die restlichen TN nehmen ihre Plätze im „Zuschauerraum" ein.
5. Der Moderator stellt die Vertreter vor, oder diese stellen sich selbst vor. Er leitet nun das „Podiumsgespräch" ein, indem er die Information aus Text 5 wörtlich oder sinngemäß wiedergibt und danach etwa die Frage stellt: „Was halten Sie von den Ergebnissen der Umfrage?" Der Moderator fordert dann die Vertreter auf, nacheinander ihre Standpunkte darzustellen.
6. Nachdem die Vertreter ihre verschiedenen Standpunkte geäußert haben, ermuntert der Moderator den „Zuschauerkreis", Fragen zum Thema an die Vertreter zu stellen oder kurz ihre eigene Meinung zu sagen. Die Vertreter machen sich zu den geäußerten Fragen und Meinungen Notizen. Nach ungefähr zehn Beiträgen bedankt sich der Moderator und kündigt eine „Pause" an.
7. Da zu diesem Zeitpunkt die unterschiedlichen Standpunkte und die gestellten Fragen weitere Überlegungen zur Festigung der eigenen Position erforderlich machen, gehen alle TN in ihre Ursprungsgruppen zurück. Die Gruppen formulieren gemeinsam Reaktionen auf die Podiumsstandpunkte.
8. Der Moderator kündigt das Ende der Pause an. Die TN begeben sich zurück auf ihre vorherigen Plätze.

Alle wollen etwas anderes

9. Der Moderator gibt allen Gruppenvertretern auf dem Podium erneut die Möglichkeit, die formulierten Antworten und Meinungen vorzutragen.
10. Die Aufgabe der Moderation ist es, elegant und rechtzeitig zu einem Abschluß zu kommen, indem sie auf die Zeitsituation oder ähnliches hinweist.
11. Auswertung: In der Gesamtgruppe fragen Sie die TN, wer von den Podiumsmitgliedern ihrer Ansicht nach Meinung und Widerspruch am besten vertreten hat und warum (Gestik? Stimme? Redemittel?). Gehen Sie abschließend gemeinsam nochmals die Redemittel des Arbeitsblattes durch. Die TN sollten mindestens je zwei der Redemittel der verschiedenen Redeabsichten in ihren aktiven Wortschatz aufnehmen.

➤ Einbettung:

1. Mögliche Anschlußdiskussion: „Was sind der Gesellschaft die Kinder/Jugendlichen wirklich wert (im Zielsprachenland oder Herkunftsland, Stichworte: *Kindergartenplätze*, *Jugendheime*, *Spielplätze*, *Wohnraum*)?" „Wie und wo könnten Kinder/Jugendliche tatsächlich Verantwortung übernehmen?"
2. Die Übung kann im Zusammenhang mit der Übung „Die Familie" durchgeführt werden.

➤ Hinweis:

Es geht bei dieser Übung nicht um die Richtigkeit der unterschiedlichen Standpunkte oder Inhalte, sondern darum, die eigene Meinung, Widerspruch und Nachfragen zum Verständnis mit sprachlich adäquaten Mitteln zu äußern und die TN mit offenen Auseinandersetzungen, wie sie in den deutschsprachigen Ländern eher üblich sind, vertraut zu machen.

- ***Podiumsdiskussion***

1. *Versetzen Sie sich als Gruppe in den Standpunkt „Ihres" Textes. Übernehmen Sie die Ihnen zugewiesene Rolle. Sammeln und entwickeln Sie über die Anhaltspunkte im Text hinaus weitere Gesichtspunkte, die Ihren Standpunkt stärken. Verwenden Sie auch die Redemittel aus dem Arbeitsblatt „Redemittel".*
2. *Wählen Sie eine Vertreterin oder einen Vertreter für das Podium.*

Text 1

Die Menschenwürde respektieren bedeutet, daß man auch Kindern Respekt erweist. Eingeborene Kinder sind freie Wesen, mit dem Recht, ihr Schicksal selbst zu bestimmen. Europäische Kinder sind leere Behälter, in die die Maßregeln der Eltern gefüllt werden. Die Weißen sagen, ich erziehe ein Kind, oder ich ziehe ein Kind auf - der indianische Standpunkt ist mehr, ich werde mit dem Kind leben.

(aus: *Wochenpost*, 16. 9. 1993, Berlin)

- *Sie vertreten mit diesem indianischen Standpunkt ein Kind oder eine/n Jugendliche/n.*

Text 2

Die moderne Industriegesellschaft gibt strenge Kriterien für Effizienz und Leistung vor. Selbst Erwachsene, die sich davon überrollt, überfordert fühlen, versuchen die Normen weiterzugeben. Kinder müssen sich an den Werten und Wünschen ihrer Eltern orientieren und hochgesteckte Erwartungen erfüllen.

(aus: *Wochenpost*, 16. 9. 1993, Berlin)

- *Sie vertreten mit diesem Standpunkt der Industrie einen Elternteil.*

Text 3

Bonn (dpa) - Ein ausdrückliches gesetzliches Verbot für Eltern, ihre Kinder körperlich und seelisch zu mißhandeln, hat das Bundeskabinett beschlossen. Die Ministerrunde unter Leitung von Bundeskanzler Helmut Kohl sprach sich am Mittwoch dafür aus, eine Regelung ins Bürgerliche Gesetzbuch (BGB) aufzunehmen, die das bisher geltende Verbot entwürdigender Erziehungsmaßnahmen verschärft, den erzieherischen „Klaps auf den Po" aber weiterhin zuläßt.

(aus: *TAZ*, 26. 8. 1993, Berlin)

... das Ergebnis der jüngsten Forsa-Umfrage (...) zeigte, daß über 50 Prozent der deutschen Eltern meinten, daß „ eine Ohrfeige nicht schaden kann".

(aus: *Der Tagesspiegel*, 1. 8. 1993, Berlin)

- *Sie vertreten diesen Standpunkt der Hälfte der deutschen Eltern.*

Text 4

Zur Erziehung gehören die emotionale Annahme des Kindes, Wärme und Akzeptanz. Das Kind muß merken: Ich mag dich so, wie du bist. Zugleich aber ist eine Überhitzung dieser Wärmebeziehung äußerst gegefährlich. Wir haben es dann mit der emotionalen Überbehütung zu tun. Sie ist in klein gewordenen Familien heute ein ständiges Risiko. Mütter und Väter schütten die Kinder mit ihrer Liebe zu.
Erziehung ist die Herausforderung von Selbständigkeit des Kindes. Alle Schritte, die die Jüngeren zur eigenen Entscheidung und eigenen Gestaltung des Lebens befähigen, gehören dazu. Auch das Loslassen zum richtigen Zeitpunkt. Wer das nicht kann, macht die Jüngeren abhängig und hält sie fest. Umgekehrt überfordern diejenigen Eltern ihre Kinder, die ihre eigenen Leistungsmaßstäbe in sie projizieren.
Erziehung ist drittens die ständige gemeinsame Absprache, ja das Aushandeln von Umgangsformen und Regeln, mit Begründung und Erläuterung, angemessen für jede Entwicklungsstufe. Ohne ein festes Familienritual ist kein demokratisches Familienleben möglich. Wer die Familienregeln verletzt, der muß auch die Folgen spüren.

(aus: *Die Zeit*, 26. 3. 1993, Hamburg)

- *Sie vertreten den Standpunkt des Erziehungswissenschaftlers Klaus Hurrelmann.*

Text 5

2.400 Jungen und Mädchen im Alter von 13 bis 16 Jahren waren in einer Studie über den von den Eltern anangewendeten „Strafkatalog" befragt worden. Von den befragten Jugendlichen berichteten nur rund 18 Prozent, daß sie noch nie eine „Backpfeife" erhalten hätten. Fast jeder zweite Jugendliche hatte in seinem Leben schon „deftige Ohrfeigen" zu beklagen, und ein knappes Drittel erinnerte sich an mindestens eine „Tracht Prügel". Die Frage, ob sie in ihrem Bekanntenkreis jemand kennen würden, der zu Hause von den Eltern häufiger geschlagen werde, bejahten mehr als 20 Prozent.

(aus: *TAZ*, 8. 10. 1993, Berlin)

- *Sie geben als Moderator diese Information an die Podiumsrunde weiter. (Die Studie bezieht sich auf Deutschland.)*

- **Redemittel zur Diskussion**

1. Meinung ausdrücken

- Mir scheint ...
- Ich denke/meine/finde, ...
- Ich bin der Meinung/Ansicht/ Überzeugung, ...
- Meiner Meinung/Auffassung nach ...
- Ich bin fest davon überzeugt, ...

2. Zustimmung

- Da gebe ich Ihnen recht. / Sie haben recht.
- Ich bin (ganz) Ihrer Meinung.
- Damit bin ich einverstanden.
- Das stimmt.

3. Zustimmung und Widerspruch

- In diesem Punkt haben Sie recht, aber ...
- Ich stimme Ihnen zu, wenn Sie sagen ..., allerdings ...
- Sie mögen hier ja recht haben, aber ...
- Das mag sein, doch ...
- Das ist schon richtig, aber ...
- Ja und nein!

4. Skepsis und Widerspruch

- Das bezweifle ich.
- Das würde ich nicht so sagen.
- Ich bin nicht Ihrer Ansicht.
- Sie irren sich!
- Hier muß ich widersprechen.
- Das finde ich gar nicht.
- Ich weiß nicht recht.

5. Nachfragen

- Wenn ich Ihre Frage richtig verstanden habe, ...
- Ich bin nicht sicher, ob ich Sie richtig verstanden habe.
- Sie sprechen sehr schnell. Könnten Sie vielleicht etwas langsamer sprechen?
- Ich verstehe nicht, was Sie meinen / wie Sie das meinen.
- Entschuldigung, ich verstehe Sie nicht. / Ich habe Sie nicht verstanden.
- Habe ich Sie richtig verstanden?
- Könnten Sie das bitte wiederholen?
- Wollen Sie damit sagen, daß ...?
- Was heißt das konkret?

6. Sich verständlich machen

- Vielleicht habe ich mich nicht richtig ausgedrückt.
- Was ich sagen will, ist ...
- Ich glaube, Sie mißverstehen mich.
- Ich glaube, Sie haben mich falsch verstanden.
- Ich versuche, das noch einmal zu sagen.

7. Nach der Meinung/Zustimmung des anderen fragen

- Sind Sie nicht auch der Meinung, daß ...?
- Glauben Sie nicht auch, daß ...?
- Teilen Sie meine Ansicht, daß ...?
- Können wir uns darüber einigen, daß ...?
- Können wir uns darauf verständigen, daß ...?

Wertehierarchien

Thema: Persönliches Wertesystem
Zielgruppe: TN ab Mittelstufe
Ziel: Analyse der eigenen Wertvorstellungen
Aktivität: Einzelaktivität mit Arbeitsblatt; Austausch in Partnerarbeit oder Kleingruppe

➤ Material/Vorbereitung:

Ein Arbeitsblatt pro TN.

➤ Verfahren:

1. Verteilen Sie an alle TN ein Arbeitsblatt.
2. Bitten Sie die TN, die Aufgaben auf dem Arbeitsblatt in Einzel- oder Paararbeit zu lösen.
3. Nach Austausch und Diskussion in den Zweiergruppen tragen die TN ihre Ergebnisse und Begründungen im Plenum vor. Sie können das Plenumsgespräch auch mit folgender Einleitung eröffnen: Einfühlungsvermögen, Offenheit, Zuhörenkönnen, Lernwille, Bescheidenheit sind nach Aussage von Hajo Heussen und Dirk Jung die Fähigkeiten, die grundsätzlich für die Kommunikation wichtig sind. Besonders zum Verstehen einer fremden Kultur „bedarf es eines permanenten Lernprozesses und der Bereitschaft, sich diesem zu unterziehen.“

Quelle: Hajo Heussen/Dirk Jung, „Heimkehr in die Fremde“, *ManagerSeminare* Nr.11, Bonn, April 1993.

Wertehierarchien

1. Suchen Sie aus den unten stehenden Begriffen fünf heraus, die für Sie in der gegenwärtigen Situation wichtig sind. Bewerten Sie den für Sie wichtigsten Wert mit 1 und den am wenigsten wichtigen Wert mit 5. Wenn Ihnen wichtige Begriffe fehlen, ergänzen Sie.

2. Tauschen Sie sich mit einem/r Partner/in aus mit Fragen wie: „Was steht bei dir an erster Stelle?" Machen Sie deutlich, warum die Eigenschaften, die Sie herausgesucht haben, für Sie Bedeutung haben.

3. Diskutieren Sie: Inwieweit haben Charaktereigenschaften Auswirkungen auf unser Leben und den Umgang miteinander, z.B. auf die Wahrnehmung und die Bewertung anderer?

4. Einigen Sie sich anschließend auf fünf Eigenschaften beziehungsweise Fähigkeiten, die Ihrer Meinung und Ihrer Erfahrung nach das Verstehen und die Kommunikation unter den verschiedenen Kulturen fördern können.

Fleiß		Freundlichkeit	
Ordnung		Kreativität	
Unabhängigkeit		Zuhörenkönnen	
Bescheidenheit		Lebensfreude	
Offenheit		Liebe	
Pünktlichkeit		Zielstrebigkeit	
Selbstdisziplin		Optimismus	
Begeisterungsfähigkeit		Toleranz	
Charme			
Einfühlungsvermögen			
Ausgeglichenheit			
Lernwille			
Mut			
Humor			

Neujahr und andere Feste

Thema: Private, religiöse und staatliche Feste im Kulturvergleich
Zielgruppe: TN aus unterschiedlichen Ländern und Kulturen ab Grundstufe II–Kenntnissen
Ziel: Austausch von Erfahrungen über soziale Bräuche bei privaten, staatlichen und religiösen Festen
Aktivität: Austausch in Gruppen; Erstellung eines interkulturellen Kalenders

➤ Material/Vorbereitung:

Pro Gruppe eine Kopie des Arbeitsblattes. Ungefähr zehn dicke Stifte (drei bis vier verschiedene Farben). Ein Stück Packpapier (ca. 1,50 x 2,00 m). Tragen Sie nach dem Muster des Arbeitsblattes mit einem dicken Filzstift die Monate des Jahres auf das große Stück Papier ein.

➤ Verfahren:

1. Bitten Sie die TN, Gruppen zu bilden (vier bis sechs Personen), und verteilen Sie pro Gruppe ein Arbeitsblatt. Geben Sie den Gruppen genügend Zeit, die Aufgaben des Arbeitsblattes auszuführen und sich in den Gruppen auszutauschen.
2. Wenn alle TN ihre Eintragungen im Kalender beendet und sich ausgetauscht haben, kontrollieren Sie in der Gesamtgruppe die genannten Begriffe auf Richtigkeit (z.B: Geburtstag, Hochzeit) und schreiben diese gegebenenfalls an die Tafel.
3. Bitten Sie alle TN, je einen privaten und einen staatlichen oder religiösen Festtag ihres Herkunftslandes auszuwählen und diese Festtage auf den großen Kalender zu übertragen. Schlagen Sie vor, möglichst viele Farbstifte zu verwenden.
4. Hängen Sie den großen Kalender mit den Eintragungen auf. Gehen Sie in der Gesamtgruppe alle Monate durch und lassen Sie die TN ihre entsprechenden Eintragungen nochmals mündlich wiederholen.
5. Sammeln Sie nun gemeinsam die Feiertage in den deutschsprachigen Ländern, die den TN bekannt sind. Tragen Sie (oder ein/e TN) diese ebenfalls auf den internationalen Kalender ein (falls diese nicht bereits erwähnt sind).
6. Bitten Sie die TN zum Schluß, die Bedeutungen und Riten der Feiertage in den verschiedenen Ländern zu vergleichen, die den gleichen Namen tragen (z. B. Neujahr) und auch solche, die andere Namen, aber ähnliche Bedeutung und Riten haben.

➤ Hinweis:

Diese Übung sollte möglichst am Kursanfang eingesetzt werden. Lassen Sie den großen Kalender nach Möglichkeit während des gesamten Kurses hängen. So können Sie und die TN auf die jeweiligen Feste und Feiertage bei Bedarf eingehen.

Diese Übung ist besonders interessant, wenn Ihre TN aus Ländern kommen, in denen Religion eine starke Rolle spielt.

Die Übung entstand unter der Mitarbeit von Renate Hoheisel, Dozentin an der Volkshochschule Kreuzberg.

➤ Weitere Literatur:

H. Berger, R. Großhenning, D. Schirmer, *Von Ramadam bis Aschermittwoch. Religionen im interkulturellen Unterricht.* Beltz Verlag Weinheim und Basel 1989.

Neujahr und andere Feste

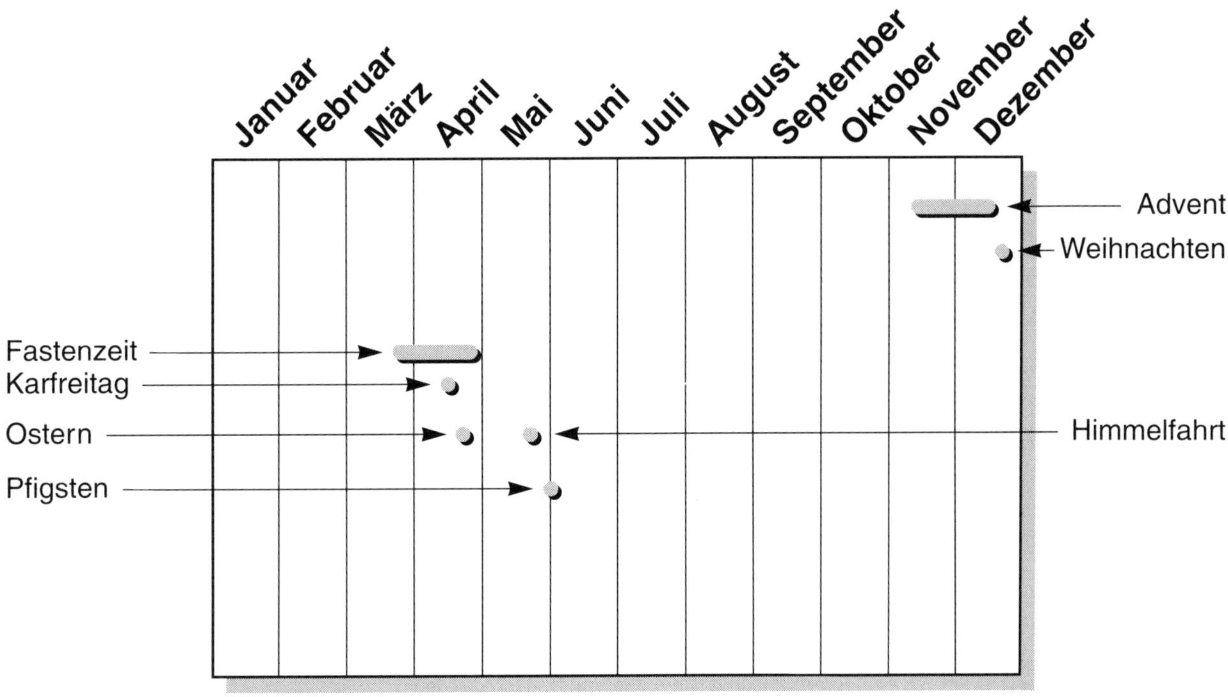

1. Fastenzeit:

   40-tägige Vorbereitung auf Ostern ab Aschermittwoch (entsprechend den 40 Tagen Fasten von Jesus).

2. Karfreitag:

   Tag des Gedenkens an die Kreuzigung und den Tod Jesu am Kreuz; für Protestanten der höchste Feiertag im Kirchenjahr.

3. Ostern:

   Fest der Auferstehung Jesu von den Toten; für Katholiken das höchste Fest im Kirchenjahr. Alte heidnische Volksbräuche, den Frühling und den Neuanfang des Lebens zu feiern, wurden mit dem christlichen Osterfest verschmolzen.

4. Christi Himmelfahrt:

   Die Christen feiern an diesem Tag die Himmelfahrt Jesu (Nach dem Neuen Testament fuhr Jesus 40 Tage nach Ostern in den Himmel auf.).

5. Pfingsten:

   Zehn Tage später wird Pfingsten gefeiert: unter Christen das Kommen des Heiligen Geistes zu den Jüngern Jesu.

6. Advent:

   Vier Wochen lang vor Weihnachten ist jedes Jahr der Advent (bedeutet: Ankunft des Herrn): Das ist die Vorbereitungszeit auf das Fest der Geburt Jesu.

7. Weihnachten:

   Fest der Geburt Jesu für die Christen. In den deutschsprachigen Ländern stellen die meisten Familien einen mit Kerzen und Kugeln geschmückten Tannenbaum im Wohnzimmer auf und feiern das Fest mit Weihnachtsliedern und einem festlichen Essen.

Neujahr und andere Feste

1. *Sammeln Sie in Ihrer Gruppe zusammen drei bis vier Feste, die Sie persönlich gerne feiern oder die in Ihrem Land / in Ihren Ländern besonders gefeiert werden. Das können private, nationale oder religiöse Feste sein. Tragen Sie diese in den Kalender unten ein.*

2. *Erzählen Sie sich anschließend in der Gruppe gegenseitig mindestens von einem Fest,*

   – ob Sie es gerne feiern

   – durch welche Riten es begleitet wird

   – ob es bestimmte Speisen oder Getränke gibt

   – ob man sich besonders fein macht

   – ob Geschenke ausgetauscht werden

   – in welchem Kreis (Familie, Freunde) gefeiert wird.

Januar	Februar	März	April	Mai	Juni	Juli	August	September	Oktober	November	Dezember

Abschiedsgeschenke

Thema: Symbolische Geschenke geben und annehmen
Zielgruppe: TN ab Grundstufe I; Kursende
Ziel: Positive Verstärkung der persönlichen Beziehungen der TN untereinander; spielerische Informationsvermittlung über Landeskundliches
Aktivität: Kreative, spielerische Gruppenarbeit

➤ **Material/Vorbereitung:**

Ein Zettel pro TN.

➤ **Verfahren:**

1. Bitten Sie Ihre TN, ihre Namen auf einen Zettel zu schreiben.
2. Die Zettel werden gefaltet, eingesammelt und gemischt.
3. Jede/r TN zieht nun einen Zettel mit einem anderen Namen (für den Fall, daß ein/e TN den eigenen Namen zieht, wird der Zettel zurückgegeben, und es muß nochmals gezogen werden).
4. Bitten Sie nun die TN, sich für die Person, deren Namen sie gezogen haben, ein symbolisches Geschenk auszudenken, das einerseits irgend etwas mit dem Zielland zu tun hat und andererseits zu der Person passen würde (das könnte z. B. sein: eine Mahlzeit, ein Buchtitel). Das Geschenk kann aufgeschrieben oder auch gemalt werden. Die TN können auch ein schönes Wort verschenken oder einen schönen Satz!
5. Nachdem alle ihre Geschenke „vorbereitet" haben, bitten Sie die TN, aufzustehen und ihre Geschenke zu überreichen. Geber und Empfänger können dabei ihre Geschenke kommentieren.

➤ **Variante:**

Für multinationale Gruppen: Die TN verschenken irgend etwas aus ihrem Herkunftsland. Verfahren wie oben.

➤ **Hinweis:**

Diese Übung ist besonders schön am Schluß des Kurses, da die TN persönliche „Abschiedsgeschenke" erhalten.

Adressen für landeskundliche Materialien

Hier können Sie kostenlos Broschüren, Informationsmaterial und illustriertes Material bestellen.

Bundesrepublik Deutschland

Beauftragte der Bundesregierung
für die Belange der Ausländer
Postfach 14 02 80
D-53107 Bonn

Deutsche Welle
Presse und Öffentlichkeitsarbeit
D-50588 Köln

Evangelisches Missionswerk
Mittelweg 143
D-20148 Hamburg

Presse- und Informationsamt
der Bundesregierung
Welckerstraße 11, (Postfach 21 60)
D-53105 Bonn

Auswärtiges Amt
Adenauerallee 101 (Postfach 11 48)
D-53001 Bonn

Bundeszentrale für Politische Bildung
Berliner Freiheit 7 (Postfach 23 25)
D-53111 Bonn

Deutsche Angestellten-Gewerkschaft (DAG)
Karl-Muck-Platz 1
D-20355 Hamburg

Deutscher Gewerkschaftsbund (DGB)
Hans-Böckler-Haus (Postfach 10 10 26)
D-40001 Düsseldorf

Bundesverband der Deutschen Industrie (BDI)
Gustav-Heinemann-Ufer 84-88
50968 Köln

Deutscher Fremdenverkehrsverband e.V.
Niebuhrstraße 16 b
53113 Bonn

Verbraucherzentrale
Berliner Straße 27
D-50311 Frankfurt

Bundesverband Bürgerinitiativen Umweltschutz e.V.
Prinz-Albert-Straße 43
D-53113 Bonn

Pädagogische Arbeitsstelle des
deutschen Volkshochschulverbandes
Holzhausenstraße 21
D-60322 Frankfurt

Goethe-Institut
Referat 42
Helene-Weber-Allee 1
D-80637 München

Arbeitsgemeinschaft Deutsche Märchenstraße
Königsplatz 53
D-34117 Kassel

Inter Nationes
Kennedyallee 91-103
D-53175 Bonn

Österreich

Bundesministerium für Unterricht und Kunst
Minoritenplatz 5
A-1010 Wien

Bundespressedienst
Ballhausplatz 2
A-1010 Wien

Österreichischer Gewerkschaftsbund
Hohenstaufengasse 10-12
A-1011 Wien

Österreich-Werbung
Margarethenstr. 1
A-1040 Wien

Wiener Tourismusverband
Obere Augartenstr. 40
A-1020 Wien

Schweiz

Schweizerisches Bundesamt für Statistik
Hallwylstr. 15
CH-3003 Bern

Schweizerische Verkehrszentrale
Bellariastr. 38
CH-8027 Zürich

Interkantonale Lehrmittelzentrale ILZ
Postfach
CH-Luzern

Arbeitskreis Deutsch als Fremdsprache in der
Schweiz
Marianne Roka
In Böden 169
CH-8046 Zürich